研修開発入門

Evaluation of Training

「研修評価」
の
教科書

「数字」と「物語」で
経営・現場を変える

中原 淳・関根雅泰・島村公俊・林 博之
著

ダイヤモンド社

はじめに

ニッポンの「研修評価」をアップデートせよ！

　筆者らが本書でお伝えしたい内容を、端的に言い表すとすれば、これにまさるものはありません。

　筆者（中原）は人材開発・組織開発の研究者です。この20年間、多くの企業の人材開発や組織開発の取り組みに関わらせていただきながら、研究を続けてきました。企業の皆さまと議論を重ねながら、新人研修、OJTトレーナー研修、管理職研修、職場改善のためのフィードバック研修やリーダーシップ研修など、数えきれないほどの研修を企画し、実施し、評価してきました。私の20年は、企業の皆さまと「実践をともに為すこと」に賭けた時間であったと思います。

◉──人材開発・組織開発の世界はこの20年間でどう変わったのか？

　この20年を思い起こすと、人材開発・組織開発の世界には、着実な変化がありました。

　例えば、20年前は「オンライン研修」という言葉はありませんでした。当初は、ごく単純なHTMLで書かれたウェブサイトのようなものが、「WBT（Web-Based Training）：Webを活用した教育訓練」などと呼ばれ、珍しがられていた記憶があります。その後、2000年代半ばには「eラーニング（e-Learning）」という言葉が生まれ、一時は「eラーニングが教育を変える」「eラーニングが人材開発を変える」などというスローガンのもとに、時代の寵児のように、もてはやされました。2010年代に入ると「Mooc（Massive Open Online Course）：大規模公開オンライン講座」という言葉が喧伝されていた時期もありました。しかし、どれだけ「インターネットを用いた学習」が、新たな言葉で「ラッピング」されよう

とも、人材開発の中心は「対面で行う集合研修」であり、この研修スタイルは、ほとんど変わることはありませんでした。

ところが、2020年から突如始まった、いわゆる「コロナ禍」で状況が一変します。コロナ禍はインターネットを用いた学習を「常態化」させました。いわゆる「オンライン研修」というものを、否が応でも、人々に「強制体験」させる機会になったのです。一度、オンラインで研修をやってみると、それまで人々が抱えていた漠然とした不安は払拭されました。「オンライン研修でも、案外学べる」ということがわかったのです。実際、先行研究でも、オンライン研修の効果は対面研修とほぼ同等というのが、多くの研究者の合意するところです[1]。今や、多くの企業が、オンライン研修を取り入れ、対面研修の場合も、オンライン研修と組み合わせたハイブリッド研修の形で行うようになっています。結局、この20年間で、研修は大きな変化を遂げました。

思い返せば、**人材開発の理論にまつわる言葉も、20年前はまだまだ未成熟でした。**

例えば、今から考えると信じられないことですが、20年前は「経験学習（Experiential Learning）」という言葉すら一部の専門家だけが用いる専門用語でした。**当時は「OJT」「研修」「自己啓発」が「組織における大人の学習」を語る唯一の言葉でした。**当時の経営学（経営管理）の教科書には、申し訳程度に「人材育成」が記されており、そこには「OJT」「研修」「自己啓発」の3つの言葉だけが無味乾燥に並べられていたのです。「組織における大人の学習」を、より高い「解像度」で描き出す概念や理論的フレームワークは、わずか20年前には、存在すらしていな

---

1. U.S. Department of Education (2010) Evaluation of Evidence-Based Practices in Online Learning : A Meta-Analysis and Review of Online Learning Studies（https://www2.ed.gov/rschstat/eval/tech/evidence-based-practices/finalreport.pdf）.
    Joyce, T., Crockett, S., Jaeger, D. A., Altindag, O., & O'Connell, S. D. (2015) Does Classroom Time Matter? *Economics of Education Review,* 46, pp.64-77.

かったのです。

　その状況が一変したのは2000年代半ばに入ってからです。経験学習に加えて、「職場で人が学ぶこと（職場学習：Workplace Learning）」の理論が発達しました。さらには、「人々が組織の内と外を往還しながら学ぶ」こと、すなわち「越境学習」の概念も生まれます。

　理論の発展とともに、実践も発展しました。社会構成主義 [2] のテーゼどおり、まさに「言葉が現実をつくる（Word creates world）」のです。経験学習や職場学習の概念の延長線上に、「1on1」など上司・部下による振り返りミーティングの取り組みが行われるようになりました。プロボノ [3] や兼業、副業など、組織内外を往還するような学習（越境学習）も盛んになっています。

　ちなみに、最近注目が集まっている「組織開発（Organization Development）」という言葉も、20年前はほとんど語られることがありませんでした。組織開発の取り組み自体は、1970年代には活発に行われていたわけですが、1990年代に一度下火を迎え、私が人材開発の研究を始めた20年前には、この言葉を口にする人はもうほとんどいませんでした。

　その事態が一変するのが2015年頃だと思います。弱体化していく「職場」の問題に対して、金井壽宏先生（元・神戸大学、現・立命館大学）や守島基博先生（元・一橋大学、現・学習院大学）らの問題提起が先鞭をつけ、組織開発の必要性を、再び人事の世界で説かれました。それに呼応したのが、この分野の先駆者であった中村和彦先生（南山大学）です。中村先生らの尽力もあり、数十年ぶりに、組織開発という言葉が人々の関心事になり始めました。

2.　社会構成主義とは、端的にいえば、「物事の意味は、言語と人々のやりとりによって創り出される」という学術的立場のことです。
3.　プロボノとは、ラテン語で「公共善のために」を意味するpro bono publicoの略で、社会人が自らの専門的な知識やスキルを活かして行うボランティア活動のことです。

この時代は、人材開発の研究対象が、猛烈に「拡大」した時期でもありました。人材開発の対象範囲が、従来の「個人」を超えて、「チームレベルの変化をもたらすこと」「組織レベルの変化をもたらすこと」に拡大していったのです。そのような背景のもと、私（中原）も組織開発の研究や実践を細々と始めていました。結局、私と中村先生とで、組織開発と人材開発双方の理論の発展・普及を目指し『組織開発の探究』（ダイヤモンド社、2018年）を著しました。

時は、HRテックやエンゲージメントサーベイなどが普及し始める前夜でした。この20年間、組織開発・人材開発の理論は、かくして多くの実践を生み出していくことになりました。

● ──何一つ変わることのなかった人材開発の「最後のフロンティア」

かくして、人材開発の世界は、この20年で激変しました。しかしながら、一方で、この20年間、何一つ変わらなかった領域があります。それが本書で取り上げる「研修評価」です。

研修評価という言葉を聞いて、研修の企画・実施に携わったことのある人であれば、誰もが「あの光景」を頭に思い浮かべるのではないでしょうか。そう、研修終了後、1枚のアンケート用紙が配布され、受講者が回答を求められる「あの光景」です。

配布されたアンケート用紙には、「研修の内容には満足しましたか？」といった研修満足度を測るための質問項目が並び、5段階のスケール [4] の一つに丸をつけます。加えて、自由記述欄には研修を受けての感想などを書き込み、事務局に提出します。事務局はアンケート結果を集計し、「今日の研修の満足度は平均4.1でした。おおむね合格だと思います」などと上司や経営層に報告する……といった内容が、この20年間、繰り

---

4. スケールとはもともと「目盛り」のことです。質問紙調査では、主観的な気持ちを5段階で回答するものがよく用いられます。ある質問項目に対して、「とてもそう思う」「そう思う」「どちらともいえない」「あまりそう思わない」「全くそう思わない」のうち、一つを選択することを求められるものです。

返されてきました。

オンライン研修が多くなってきた今では、アンケート用紙が、ウェブのアンケートフォームに置き換わっているとは思います。しかし、メディアがデジタルに変わろうとも、研修の直後に、質問紙調査で満足度を問い、研修の良し悪しを測るという評価方法は、20年間、何一つ変わっていません。

ここで筆者らは一つの結論に至ります。研修評価とは、ある意味、手つかずのまま残された「人材開発の最後のフロンティア」であり、人材開発の効果を最大化するために、大きく質を転換しなければならない領域の一つであるということです。

端的に申し上げますと、ニッポンの「研修評価」は「アップデート」が必要なのです。本書はそのために生まれました。

◉──なぜ、日本の「研修評価」は変わることができなかったのか?

では、なぜ、日本の「研修評価」は変わることができなかったのでしょうか。それには3つほど理由が考えられます。

①人材開発・組織開発の「専門家」が少ない

1つ目の理由は、「研修評価」に手をつけられるほどの専門性を持った人材が、この国には非常に少ないということです。

日本企業の場合、新卒一括採用で配属が決まることもあり、人事や人材開発の部門で働いている人々のほとんどが、他の部署からジョブローテーションで異動してきて、しばらくすれば、また他の部署に異動していく人々です。

もちろん「入社以来ずっと人事領域の仕事をしている」という人もいないわけではありませんが、そうした人はどちらかというと人事制度企画・労務の分野に多く、人材開発の分野には相対的に少ないのが実情です。つまり、人事や人材開発の仕事に就いている人の中には、たまたま

研修を担当することになってしまった、という人のほうが圧倒的に多いのです。

　もちろん、中には、研修開発の仕事にやりがいを感じるようになり、「より良い研修をつくりたい」と、人材開発・組織開発について専門的に学び始める人もいます。しかし、そうした人も数年したら異動となり、志半ばで、研修の仕事をまた次の人に引き継がざるをえなくなります。

　このように、研修開発の現場では、専門家が育ちにくい構造があります。さらに、研修評価はデータや分析などの比較的高度な知識を伴うため、一般的な研修担当者からは忌避されるか、ないしは、一番後回しにされる傾向があります。そのため、「研修」の見直しはまだしも、「研修評価」の見直しにまで手をつけるようなことはまずなかったのです。

　かくして、研修評価については何十年も見直されないまま、研修満足度を測る質問紙だけが、手をつけてはいけない「秘伝書」のように代々受け継がれてきてしまったというわけです。

②「研修転移」の考え方が浸透していない

　2つ目の理由は、そもそも「研修転移」という考え方（これは本書の鍵概念です）それ自体が人事教育部門に広まっていなかった、ということが挙げられます。研修転移とは「研修で学んだことを、現場で実践し、成果につなげていくこと」をいいます。「研修転移」は、海外では、非常に一般的な考え方です。しかし、日本においては、研修転移という言葉が人々に知られるようになったのは、2010年代後半、本書の著者たちのグループが『研修開発入門「研修転移」の理論と実践』（ダイヤモンド社、2018年）を著した「あと」のことであったかと思います。

　研修転移の考え方に沿えば、研修とは、「『学び』という手段を用いることによって、現場を改善し、経営に資するための施策」ということになります。そして、研修転移の考えを、いったん「是」とするならば、研修の評価とは「研修直後の満足度」を問うのではなく、「研修で学ば

れたことが現場で実践されたかどうか」を、研修の事後、しばらく時間を置いてから、問うことになります。

　これまで、我が国では、研修転移の考え方が希薄であったために、研修の良し悪しは、研修終了「直後」の満足度で測定されるといったことが、何となく慣習として行われていました。研修によって現場での行動変容を促し、成果につなげる、というところにこだわらなければ、ある意味、研修の最終日に満足度を測り、それを評価と見なせばよい、という話になります。「満足度が高ければ、その研修は大成功」というところに落ち着いてしまうのです。

　実際、研修満足度で研修を評価するほうが、研修担当者にとっても、研修講師にとっても都合がいい、という側面があることも否めません。

　まず、研修担当者の観点からすれば、研修の評価で悪い評定値がつけられてしまっては「困る」のです。評価が悪いとなると、その研修をデザイン・企画した側の「責任」が問われます。よって、たいていの研修担当者は、研修評価として「研修転移」を測定しようとは思いません。わざわざ「研修で学んだことが現場で実践されたかどうか」を測定して、万が一評価が悪くなるよりも、時間も手間もかからず、事務局や講師への「忖度」が働くことから、良い結果が出やすい「満足度の測定」をもって、研修評価を済ませたいと思ってしまうのです。

　研修満足度は操作しやすいため、研修講師にとっても都合がいい評価方法です。研修の満足度評価を高めるのは実に簡単です。研修の最後に、「皆さん、この2日間、よく学びましたね」と、学んだ内容を振り返った後、「今回の研修で自分が成長した、学んだ、と感じたことをグループごとにシェアしてください。一人ひとり、話し終えたら、大きな拍手で、みんなの健闘を称え合いましょう」といったワークを行います。その後、間髪入れずに研修の満足度アンケートを配布するのです。筆者（中原）の経験上、この方法で、評定値を上げられるはずです（笑）。

「満足度が高ければ、その研修は成功」ということであれば、研修直後の満足度が高ければ高いほど、研修講師の評価も、研修担当者の評価も高まります。講師は高い評価を得て研修の仕事を継続（リピート）したいし、担当者も自分の評価を高めたい。そうなると、**研修講師と研修担当者の間に一種の「共犯関係」ができあがり**、改めて研修評価の仕組みを変えようという気にはなりにくいのです。この「共犯関係」から決別しなければ、現場にインパクトをもたらす研修はなかなか生まれません。人材開発が、真の意味で、経営にインパクトをもたらす手段になるためには、勇気を出して、長らく続いてきた慣習と決別することが必要なのです。

③研修を「厳密」に評価することに囚われている

　3つ目の理由は、研修の効果を「厳密」に評価することにこだわり、必要以上に難しい評価方法を企業に輸入して、隘路（あいろ）にはまってきた過去の歴史があります。研修評価とは、アカデミックな研究と同様、「厳密な測定」を行わなければならないのだ、という「規範」に縛られ、自らをがんじがらめにしてきた研修担当者も少なくないのです。ここには研究者の責任もあります。私（中原）も研究者の一人として、その責任を負います。

　一般に、企業では、研修を「厳密に評価」しようと考えても、まずうまくいきません。最も厳密に研修の効果を測定するのであれば、研修の対象者をランダムに割り当て、「研修を受講する実験群」と「研修を受講しない統制群」をつくり、研修の事前と事後に、これら二群からデータを取得しなければなりません。

　しかし、企業において「研修を受講しない統制群」をつくるメリットはありません。統制群の人たちに、研修も受けないのに事前・事後アンケートに答えてもらい、「予想どおり、研修を受けなかった層は営業成績が上がらなかった」という結論を出したとしても、コストがかかる一

方で、経営に良いインパクトを与えることはありません。

　統制群をつくらずに厳密な評価ができる方法として、単一事例実験法（ABA法）というものもあります。同じ実験群に対して、（1）何らかの働きかけを実施したとき、（2）実施しなかったとき、（3）再び実施したとき、という3つの期間をあえてつくります。その3つの時系列で、どのようにパフォーマンスが変化するのかを測定して、研修の効果と見なすというものです。

　例えば、まずは1か月間、1on1の施策をやってみた効果を測定します。その後3か月間実施を止めてみて、効果が下がったかどうかを測定します。そして、再び1か月間1on1をやってみて、効果を測ってみる、という具合です。単純にいえば、3か月間やらなかったときに効果が下がり、再開後に上がったとすれば、確かにその施策には効果がある、と結論づけることができます。

　しかし、これを職場で行おうとすると、おかしなことになります。当然ですが、効果が出ている施策を止めたら、「せっかく効果が出てきたのに、なぜ止めるんですか？」ということになります。さらに3か月後、「再開してください」と言われたら、社員は困惑しますし、中には会社に不信感を持つ人が出てくるかもしれません。

　このように、**企業内研修を厳密に評価するということは、非常に難易度が高いだけでなく、経営上、現実的ではないことが多いのです**。したがって、アカデミックな理論にルーツを持ちつつ、企業において、十分実践可能な評価手法が必要なのです。

●―研修評価に訪れる「変化の兆し」

　以上、日本の「研修評価」が変わることがなかった3つの理由をお伝えしてきましたが、ここには「変化の兆し」も見え始めています。

　1つ目の変化は、「人材開発や組織開発の専門性を持った人材が徐々に増えていること」です。手前味噌ですが、**私が勤める立教大学大学院に、**

人材開発・組織開発を専門的に学ぶ社会人大学院 [5] ができました。この大学院では、週に金曜日・土曜日の2日間だけ、フルオンラインで授業が行われ、2年間で修士号（経営学）を取得することができます。海外の人材開発担当者には修士号を取得している人が数多くいますが、日本でも、ようやく、こうした専門人材の輩出が始まりました。

　また、この領域についての専門知識・理論を得ることができる入門書も数多く出てきています。再び手前味噌ではありますが、私自身、人材開発・組織開発についての多くの書籍を上梓してきました。前述したように、2018年には、島村公俊さん、鈴木英智佳さん、関根雅泰さんとともに著した『研修開発入門「研修転移」の理論と実践』も出版されました。こうした機会を得て、「研修転移」という概念も、人材開発に携わる人の間ではかなり知られてきています。

　かくして、20年前に比べると、専門知識を持った人は増えていますし、人材開発には経営・現場へのインパクトが必要だ、と考える人も多くなってきているように思います。

　さらに、ITの普及とともに、人事領域でもデータ活用の重要性がいわれるようになりました。研修前後にさまざまなデータをウェブやスマホアプリを使って収集し、分析するようにもなってきています。また、従業員満足度調査などさまざまなサーベイを行い、基礎的な人事データを蓄積している企業も増えています。つまり、**研修評価を簡易に行うための情報インフラが整備されつつあるのです**。

◉──経営と現場にインパクトをもたらす実践的な研修評価

　人材開発、研修を取り巻く環境に、こうした変化が起きている中、あと一歩、というところで取り残されている「人材開発の最後のフロンテ

5.　立教大学大学院 経営学研究科 リーダーシップ開発コース
　https://ldc.rikkyo.ac.jp/

ィア」が「研修評価」です。筆者らは本書を通じて、今の時代に合った「研修評価」のやり方を提案したいと考えています。

本書で提案する「研修評価」が目指すのは、アカデミックな場所で行われている手法を直輸入することではありません。むしろ、私たちは「実践的（プラクティカル）であること」にこだわります。しかし、同時に「アカデミックであること（理論にルーツを持つこと）」も放棄しません。私たちは、アカデミックな知見にルーツは根ざしつつも、実践的で具体的で、かつ、企業という一筋縄では捉えどころのない現場で役立つ手法を提案するつもりです。

どの企業でも取り入れやすく、続けやすい、それでいて確実に経営や現場にインパクトが出せる方法を提案したいと考えています。なぜなら、企業における研修評価は「経営・現場にインパクトを残し続けるため」に行うべきものだからです。アカデミックな手法を直輸入しても、企業経営にインパクトを残すことは難しいのではないかと思います [6]。

企業における研修評価の目的は「アカデミックに通用する厳密な効果測定をすること」ではありません。研修評価の目的は「日々の経営活動や現場の改善に資すること」なのです。

このような視座を持ちつつ、筆者らは「研修評価」の領域をアップデートしたいと願っています。アップデートのためのキーワードとなって

---

6. このような一見煮え切らないプラグマティックな知的態度を積極的に採用しようとするとき、私たちは、かつて夏目漱石が「中身と形式」と題された講演において描き出した「知識人と生活者の相克」を思い出さないわけにはいきません。そして、漱石が生きた明治時代から、私たちの学問との付き合い方は何一つ進歩していないのだ、と嘆息を禁じえないのです。

漱石は、かつて、学者というものが頭の中の合理性に従い、形式で物事を切り取り、生活の中にある矛盾（内容）を許容せず、対象者に「AかBか」の「形式」を迫る傾向があることを嘆きました。学者の知的柔軟ではない態度に対して、一般の生活者というものは、生活の中で立ち現れる、さまざまな矛盾に満ちた生を生きており、彼らの具体的な生活（内容）をまず考え、それに合わせて形式をつくり出します。すなわち、彼らにとって日常生活にある矛盾こそが「先」であり、そこから導き出される原則は「あと」なのです。

学問が無駄だというわけでは全くありません。そうではなく、企業という一筋縄では捉えきれない矛盾に満ちた場が「先」にあり、そこでつくり出される方法は「あと」だと言いたいのです。それを逆にしてしまい、アカデミックな研究手法を金科玉条のように直輸入するとき、「何も研修を受けていない私たちが、事前・事後の質問紙調査に答えなければならない」とか「うまくいっている方法を、評価のために、一時中断しなければならない」といったことが生まれます。それは「本末転倒」です。

いるのは「研修転移を評価せよ！」と「評価を混合せよ！」です。

　本書は、2014年に刊行した『研修開発入門：会社で「教える」、競争優位を「つくる」』、2018年の『研修開発入門「研修転移」の理論と実践』（以上、ダイヤモンド社）に続く、3冊目の研修開発入門書という位置づけです。これらの書籍を参考に、ぜひ研修によって経営・現場にインパクトをもたらしていただければと思います。

　本書は2部構成となっています。第1部は「研修評価編」です。ここでは、この本のメインテーマである「これからの研修評価」について、理論的、かつ、実践的に学んでいきましょう。続く第2部は「研修転移編」です。こちらでは、研修評価を含めて、より俯瞰的な立場から、企業において力強い研修転移を実現するためには、現場の管理職・マネジャーや経営層をいかに動かせばいいのかを考えます。

　なお、本書の執筆にあたっては多くの方々にお世話になりました。編集の労をとってくださったダイヤモンド社の広瀬一輝さん、小川敦行さん、そして構成をご担当いただいた井上佐保子さん、この場を借りて御礼を申し上げます。本当にありがとうございました。

　ニッポンの「研修評価」をアップデートせよ！
　さぁ、知的冒険の始まりです。

2022年春、桜咲く立教池袋キャンパスにて

著者を代表して

立教大学経営学部教授　中原　淳

目次

第1部

研修評価編

｜第1部の概要｜

第1部は「研修評価編」です。研修評価編の目的は、これまでの研修評価をアップデートすることにあります。アカデミックな知見に根ざしつつも、とにかく実践的であることを重視した研修評価の手法として、「混合評価」と筆者らが呼ぶ手法を提案します。

第1部は全5章で構成されます。第1章では、まず人材開発の定義に立ち返り、経営や現場にインパクトを与えるという目的における研修評価の役割を考えていきます。続く第2章では、過去から現在に至る研修評価の流れと、主要な研修評価の枠組みを学んでいきます。これらの章は、一見、遠回りのようにも感じられるかもしれませんが、理論的・歴史的な考察を通して、本書が提示する混合評価のコンセプトや意義について、理解を深めていただけるはずです。

第3章・第4章では、いよいよ混合評価の具体的な考え方と進め方を提示していきます。第3章では、これまでの研修評価研究に根ざし、アカデミックな知見をブリコラージュさせた（組み合わせた）方法論である混合評価の定義・特徴を示します。そして、第4章では、どのように混合評価を進めればよいのかについて、「ミニマム」「スタンダード」「プレミアム」の3コースを提示し、具体的な手法を紹介していきます [7]。

第5章では、実際に混合評価に舵を切り始めた企業の実践事例を紹介します。研修の概要と研修評価の事例を示したのち、混合評価の考え方と進め方に照らして、それぞれの事例のポイントについて解説していきます。この章を通して、混合評価を自身の会社・組織に取り入れ、実践するためのヒントが得られるでしょう。

さぁ、旅の始まりです。

---

7. 私たちが、混合評価における「混合」という言葉に対するイメージにおいて、もし「負の意味」を感じるのだとしたら、それは、「企業という一筋縄ではいかない矛盾だらけの世界」で発揮される知のイメージを、「アカデミックを直輸入すれば、うまくいくもの」であるかのように誤解していると思います。

企業という生活世界には、多種多様で、かつ、さまざまな思惑を持った人々が生きており、彼らに翻弄されながら、すべての事業（研修）も存在します。その中で、私たちがなしえるのは、状況に応じて、たとえ、あり合わせの手法であっても、効果を出すためであるならば、積極的にブリコラージュする（組み合わせる）ことであり、そうした知のあり方こそが、現場では成果を生み出します。ブリコラージュという概念を世に知らしめたクロード・レヴィ＝ストロースの『野生の思考』（大橋保夫 訳、みすず書房）に見るように、私たちの生きる世界には「野生の思考」が必要なのです。

しかし、一方で、私たちは徒手空拳で、あり合わせの知を「適当に」かつ「思いつき」でブリコラージュするほど「むきだしの野生」の中で長く耐えられるわけでもありません。ここにこそ、「アカデミックにルーツを持つこと」が重要になってきます。アカデミックなものを直輸入しても、現場における課題解決はできません。そうではなく「アカデミックにルーツのある知」を、その時々の状況に応じて組み合わせることが重要なのです。

第1章

そもそも研修評価とは何か?

> 第1章の目的は、研修評価の目的や役割を確認したうえで、本書で筆者らが提案する、これからの研修評価、すなわち「混合評価」のコンセプトを提示することです。
>
> 本章では、まず、研修評価とは何かを考えるにあたって、「人材開発とは何か?」という問いに立ち返り、そこから議論を始めたいと思います。人材開発の眼目とは「経営・現場にインパクトをもたらす」ことであり、研修評価もその延長線上に位置づくものです。本書では、研修評価の目的を「経営・現場にインパクトをもたらす」ことであると捉え直します。そのうえで、研修評価の3つの役割(機能)について確認していきます。最後に混合評価のコンセプトを提示し、第2章以降で詳しく述べていく「これからの研修評価」の道筋を示します。

1. 研修のゴールは「学び」や「成長」ではない

研修評価とは、人材開発のために行う施策の一つです。本章は、「研修評価とはそもそも何なのか」を考えることを主軸に置きますが、その前に「人材開発とは何か?」について改めて考えてみたいと思います。

◉──そもそも「人材開発」とは何か?

経営学の教科書で「人材開発」の定義を見てみると、一般的には「組織の目標や戦略達成のために、従業員の学習に働きかけて、経営や現場に成果を残す方法」あるいは、「企業が戦略目的達成のために必要なスキル、能力、コンピテンシーを同定し、これらの獲得のために従業員が学習するプロセスを促進・支援することで、人材を経営に計画的に供給

するための活動と仕組み」などと書かれています（例：Hall, 1984 [8] など）[9]。

　この人材開発の定義では、人材開発とは「学習」と「経営」という異なる2つの軸にまたがる実践であることがわかります。まず、最も重要なことは、人材開発において、学習は「目的」ではありません。**人材開発にとっての「学習」とは、あくまでも「手段」であり、目指す目的は「経営・現場にインパクトをもたらすこと」です** [10]。学習という手段をもって、「経営・現場の改善に資する」ことが人材開発の本懐なのです。

　これは人材開発の一つの手段である研修についても同様です（人材開発は、研修のほかに、OJT：On the Job Trainingなども含みます）。**研修とは「仕事場以外の場所において、人々に学んでもらい、学んだことを仕事場で実践してもらうことを通して、経営・現場にインパクトをもたらす営み」**です。**研修とは「教えること」ではありません。「教えること」を通して、経営・現場に資することが研修の本懐です。**

　さて、ここで、この「学習」と「経営」の2つの軸を用いて、「人材開発とは何なのか」を「四象限の図」に整理して考えてみましょう。

　縦軸の「学習軸」は「学習が起きているか、否か」を、一方、横軸の「経営軸」は「経営・現場にインパクトをもたらしているか、否か」を問題とします。そうすると、図表1に示すように、私たちは4つの象限（領域）を得ることができます。

8.　Hall, D. (1984) Human Resource Development and Organizational Effectiveness. Fombrun, C., Tichy, N. M. & Devanna, M. A. (eds.) *Strategic Human Resource Management.* John Wiley and Sons.

9.　そもそも人事とは「人と組織にまつわる課題を解決し、企業と社員の持続的な成長に貢献すること」ですので、人材開発は、人事の一機能ということになります。（Armstrong, M. & Taylor, S. (2020) *Armstrong's Handbook of Human Resource Management Practice.* 15th Ed. Kogan Page.）

10.　学習とは、人文諸科学、自然科学にまたがる壮大な研究テーマです。ここで学習が「経営にインパクトをもたらす手段」である、というのは、あくまで「経営学の観点」から見た場合の位置づけです。学習そのものが自己目的化する領域も、実践も、社会にはありえます。学習とは何かを一義的に決めることはできません。どういう目的で、どういう状況で、どういう文脈の上に、学習が議論・引用されるかによって、その意味するところは変わります。

		経営軸	
		経営・現場にインパクトあり	経営・現場にインパクトなし
学習軸	人が学び、変わる	① ◎	② ✕
	人が学ばない	③ ✕	④ ✕

　まず、人材開発ということで目指すべきは、左上の領域①です。この領域の意味するところは「**人々が学んでいて、かつ、経営・現場にもインパクトを与えている**」といえます。私たちはこうした営みのことを「**人材開発**」と呼びます。

　次に、右下の領域④は、「人が学んでもいなければ、経営・現場にインパクトも与えない領域」です。④の領域に属するような研修は、学びも起きないし、インパクトもないのだから、経営の観点からすれば「最も望ましくない状態」といえます。

　左下の領域③は、人の学びにはつながらなかったものの、経営・現場にインパクトがあった、というケースです。経営的には、人材開発など行わなくても、市況によっては業績が伸びることもありえます。その場合は、望ましいケースといえるかもしれません。しかし、人の意欲やモチベーション、通用するスキルなどは、すぐに低下・陳腐化します。よって、この領域についても、決して気は抜けません。

最も問題なのは右上の領域②です。「**人は確かに学んでいるが、経営・現場にインパクトがない**」という状態です。これを企業研修にあてはめて考えると、「その場は盛り上がるものの、現場は何も変わらず、経営に何もインパクトを与えない」研修、つまりは、研修転移（研修で学んだことが現場で実践され、成果が出ること）が期待できない、研修のための研修のことです。例えば、「学び温泉化した研修（研修で学び、気分がホッコリしたのはいいものの、その効果が持続しない研修）」や「ワークショップ温泉化した研修（ワークショップで心の底から感動したものの、その場限りの高揚感に酔いしれ、現場での行動変容につながらない研修）」のような状態がこれにあたるでしょう。

　②の状態は非常に「厄介」です。受講者は盛り上がっているし、満足度も高いので研修自体は続けられるものの、しかしながら、その研修の成果が現場では実践されていません。経営や現場からの評判は今ひとつで、「この研修はなぜやってるんだ？」といわれたり、「この忙しいのに、何の役にも立たない研修なんて止めてくれ」と、現場の管理職から不満の声が漏れたりしがちです。

●─研修は「経営のラストワンマイル」を支える

　さて、ここまでをお読みになった読者の中には、「そもそも研修によって経営・現場にインパクトを与えることなんて、できるのだろうか？」「そこには何が必要なのだろうか？」と、疑問に思う方もいらっしゃるかもしれません。ここでは、研修によって経営・現場にインパクトをもたらすとはどういうことなのか、より具体的に説明したいと思います。

　くどいようですが、「学校」と違い、企業にとっての「学習」は、あくまでも「手段」であって、目的ではありません。では、**企業にとっての「学習」**とは、「何」を導くことを通して、**経営・現場にインパクト**をもたらすのでしょうか。企業における学習が、経営・現場に資するに至るメカニズムとは、一体、どのようなものでしょうか。

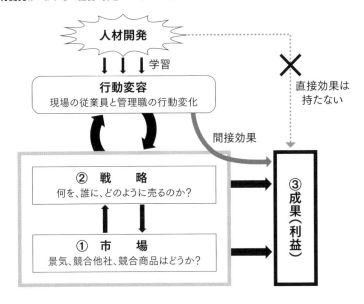

　最初に答えを述べると、企業にとっての学習とは、「現場での行動変容」を導くことを通して、経営・現場にインパクトをもたらすのです。図表2は、人材開発がいかにして経営・現場へのインパクトをもたらすのかを描いた模式図です。

　この図を説明していきます。

　まず、企業は、「景気はどうか、競合他社はどうか、競合商品はどうか？」と「①市場」を横目に見ながら、「何を、誰に、どのように売るのか？」といった「②戦略」を立て、「③成果（利益）」を上げようとします。図の中心部分に「戦略」や「市場」が位置づけられているのは、それらが利益に直結する最も大きな要素だからです。

　当然ながら、「戦略」がいまいちであれば、製品・サービスは利益を上げることができません。また、どんなに戦略が素晴らしいものでも、それが「市場」に適合していなければ、利益を上げることはできません。市場は常に動いています。戦略が、市場における顧客の動向とマッチン

グしたときにおいて、利益が生まれるのです。

　しかし、戦略がどれほど優れていたとしても、市場にどんなに恵まれていても、企業は必ずしも利益を上げられるとは限りません。ここできわめて重要になってくるのが「現場の従業員と管理職の働き」です。すなわち、戦略が「人」によって着実に実行されなければ、どんなに優れた戦略であっても、それは「絵に描いた餅」です。現場の従業員や管理職が、提示された戦略を、市場に合わせた形で、現場で「実行（行動）」できなければ、成果を上げること、すなわち経営にインパクトを与えることはできません。良い戦略の「ラストワンマイル」は、その戦略を「実行する人」にかかっているところが大きいのです。

　それでは、戦略の「実行」は何にかかっているのでしょうか。それが「学習」という手段を用いて、従業員や管理職が「行動変容」することです。戦略や市場に適合した行動をとり、成果を上げられるように、「学習」というメカニズムを用いて「従業員や管理職の変化」を促すのが人材開発の仕事であり、研修の役割なのです。

　このことは、逆説的に、人材開発の仕事の範囲とは「従業員・管理職の行動変容」を導くまでであるともいえます[11]。人材開発を行ったからといって、それが「直接」利益につながるわけではありません（図表2に示したとおり、直接効果は持たないことが多い）。

　人材開発は、従業員・管理職の行動変容を導き、その行動変容こそが「戦略」や「市場」と共振したときに初めて成果が出ます。別の言葉で

11.　もちろん、研修といっても多様です。研修の中には「戦略実行のための行動変容を促す研修」だけでなく、「ヒューマンリソース・インパクト（Human Resource Impact）」を与える研修も入れることができます。ヒューマンリソース・インパクトを与える研修とは、優秀な人材にやりがいを持って安定的に働いてもらうために行う研修、といった意味合いです。
　　人材というのは、経営にとって非常に重要な経営資源の一つです。人材不足の今の時代に、優秀な人を採用できて、そうした人に長期間エンゲージメント高く生き生きと働いてもらえて、高い成果を上げてもらえることは、経営にとって大きなインパクトをもたらします。そう考えれば、働きがいのある職場をつくるための研修や、離職を防ぎ就業継続意向を長くするための研修、優秀な人材を採用することにつながる研修などは、ヒューマンリソース・インパクトを与える研修といえます。

いえば、人材開発とは「経営・現場へのインパクト」に対して間接的な効果を持っているといえます（図表2に示したとおり、人材開発における行動変容は、①市場と②戦略を経由して、③成果に対して効果を持つ [12]）。

　時折、企業の研修担当者から「社長に『この研修受けさせて、いくら儲かるんだね？ 具体的な数字が示されなければ、研修なんてやっても無駄だ』といわれて困っています。どう説得すればいいでしょうか？」といった相談が持ち込まれることがあります。そんなときは「市場に適合した優れた戦略があったとしても、その戦略を実行し、市場に届ける人たちが適切な行動ができなければ儲かりません。研修は、人の行動を変えてもらうことに寄与するんです、と社長さんにお伝えください」とお答えしています。

　くどいようですが、人材開発、研修というものは「現場の従業員・管理職の行動変容」を導くものです。人材開発や研修それ自体が直接利益をもたらすものではありませんが、それは「経営のラストワンマイル」を支える機会として重要な働きを持っています。

2. 経営・現場にインパクトを与える研修評価とは

　人材開発の施策は「研修」だけではありません。OJT、1on1、360度フィードバック（360度評価）、リーダーシップ開発なども人材開発に入ります [13]。人材開発にはさまざまな施策がありますが、その中でも「研修」といわれている施策の定義とは何でしょうか？

　前述したように、研修とは、端的にいうと「仕事の現場以外の教育環

---

12. 人材開発における行動変容は、①市場と②戦略を経由して、③成果に対して効果を持つ、ということは、人材開発と成果の関係を「そこだけ切り出して」測定することは不可能に近い、ということを意味します。
13. OJTとは「上位者（管理職）が従業員に対して行う成長支援の仕組み」、1on1とは「上司と部下が頻度を上げて行う振り返り面談の仕組み」、360度フィードバックとは「ある特定の人物の行動などに対するフィードバックを、一緒に勤める従業員、管理職などが行う仕組み」、リーダーシップ開発とは「リーダーの個人的資質を高める仕組み」のことをいいます。人材開発には、研修以外にもさまざまな試みがあります。

境で学んでもらい、学んだものを、現場で実践できるよう転移させる施策」です。研修の一番大きな特徴は、OJTのように仕事の現場で実際に働きながら学ぶ、働きながら副産物としての学びがある、という人材開発とは異なり、非日常性により、仕事との境界を設けられるところにあります。日常から離されることで、失敗してもいい空間、試行錯誤できる空間が生まれ、普段は考えないことを考える時間が生まれるというのが、研修の「長所」です。

　しかし、ここにはコインの裏表が存在します。「長所」は容易に「短所」に反転するのです。つまり、研修は「仕事現場から切り離された学び（長所）」であるがゆえに、「学んだことを現場に持ち帰り、実践するのが難しい（短所）」という特性を持ってしまうのです。

　くどいようですが、研修のゴールは、個々の学びや発達ではなく、あくまでも経営、仕事の現場にインパクトを与える、というところにあります。そう考えると、研修は単に「仕事現場以外の教育環境で学んでもらい、学んだものを実践できるよう転移させる施策」というだけではなくなります。研修とは、「仕事現場以外の教育環境で、組織の目標や戦略達成等のためにメンバーのスキルや知識、信念などに働きかけ、学んだことを実践できるよう転移させることで、経営・現場にインパクトをもたらす施策」というのが正確な定義かもしれません。

　このように研修を、経営や現場にインパクトを与えるために行う人材育成施策の一部として捉えたとき、研修評価は、経営にとってどんな意味を持つのでしょうか。実は、研修評価がこのような視点で問われたことはほとんどありませんでした。筆者らは、この問いに対して明確な解を持ちます。研修評価の目的とは、研修と同様に、「経営・現場にインパクトをもたらす」ことである、ということです。

　それでは、経営や現場にインパクトを与えるための研修評価とは、具体的にいうと、どのようなものでしょうか。ここからは、この点を深掘りして考えていきたいと思います。

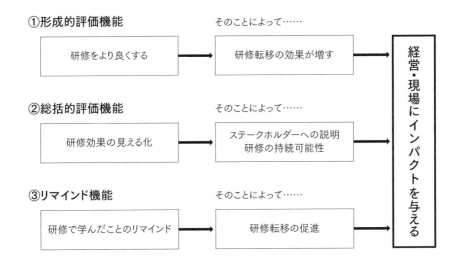

①形成的評価機能

そのことによって……

研修をより良くする → 研修転移の効果が増す →

②総括的評価機能

そのことによって……

研修効果の見える化 → ステークホルダーへの説明 研修の持続可能性 →

③リマインド機能

そのことによって……

研修で学んだことのリマインド → 研修転移の促進 →

経営・現場にインパクトを与える

3. 研修評価の3つの役割（機能）

　研修が「経営・現場にインパクトをもたらす」ことを目的とするのであれば、研修評価も「経営や現場にインパクトをもたらす」ものであるべきです。しかし、その際の「役の立ち方」は、さまざまなものが考えられます。ここでは少し解像度を上げて、図表3にまとめられるように、研修評価の果たす3つの役割（機能）を順に見ていきましょう。

①形成的評価機能：研修を「より良く」する

　まず考えられるのは、上段の役割「①形成的評価機能」です。研修評価の役割の一つは、評価データを通じて研修を改善することを通して、研修転移の可能性を高めることにあります。それが経営・現場へのインパクトにつながっていきます。こうした研修評価のあり方を専門用語で「形成的評価（Formative Evaluation：フォーマティブ・エバリュエーション）」

といいます。「Form」とはもともと「形づくる」という意味です。よって、この役割の研修評価は、研修それ自体のクオリティを高め、より良い研修のあり方を「形づくる」ために行われます。

　形成的評価は、研修をやっている側、研修担当者が、研修の良し悪しを把握し、より良いものに改善するために行う研修評価です。研修を評価し、改善することができれば、研修転移の効果も高まり、経営や現場により大きなインパクトを与えることができます。そうした意味で、研修担当者が、研修転移を高めるために自ら実施した研修を評価し、改善につなげる、というのが、研修評価の第一の目的です。

②総括的評価機能：研修効果を「見える化」する

　研修評価の第二の役割として考えられるのは、研修評価を通じて研修効果を「見える化」して、他者に説明可能にする（アカウンタビリティを果たす）ことです。私たちは、研修評価で得られたデータを根拠として、研修のステークホルダー（決裁権者）に対して研修の効果を説明することが可能になります。その結果、研修の持続可能性（Sustainability：サステナビリティ）を確保し、経営・現場へのインパクトにつなげることができるのです。これを専門用語では総括的評価（Summative Evaluation：サマティブ・エバリュエーション）といいます。「Sum」とはもともと「要約する・まとめる」という意味です。この評価は、研修の効果を総括する評価ということになります。

　企業は「学校」とは異なります。研修などの人材開発は、あくまでも企業が目指すものを実現するために従業員に対して行う働きかけの一つです。学びという「手段」、すなわちレバレッジ（テコ）を使って、行動変容を目指す、成果を出すことが求められます [14]。

---

14. これらの記述は経営学の観点からの人材開発の位置づけです。しかし、従業員の学びは、それだけに限られるものではありません。人材開発がなされているからといって、会社の外で自由意思で学ぶことは、全く問題ありません。むしろ進められるべきことです。

研修が全く転移せず、現場に変化が生まれていない場合、あるいは研修が現場で全く役に立っていないような場合は、研修への投資は単なるコストとして見なされ、カットされてしまいます。研修を安定して継続して行っていくためには、研修が現場で実践され、役立っていることを「見える化」しなくてはなりません。つまり、**研修担当者**には、その効果をステークホルダーに説明する責任（Accountability：アカウンタビリティ）があるのです。

　このように研修の持続可能性を高めるためには研修評価が不可欠です。総括的評価とは、研修が持つ効果をステークホルダーに対して要約し、総括することで、研修の持続可能性を確保することを目指すものです。そのことが、経営や現場にインパクトを「出し続けること」につながるのです。

③リマインド機能：研修転移を「促進」する

　研修評価の第三の役割は、「③リマインド機能」です。研修は、一般に、仕事現場から離れた場所で行われます。仕事現場以外で学ばれたことを、仕事現場に持ち込み、実践するためには、研修が転移を促すようにデザインされていることも重要です。しかし、人は、研修で学んだことを長いあいだ覚えていられるわけではありません。どんなに強い意志を持っている人でも、「研修は研修、仕事は仕事」というふうになってしまいがちです。すなわち、研修転移が忘れさられ、ついつい後回しになってしまうのです。

　そこで、研修評価のリマインド機能の出番です。研修を終えたあと、しばらくして、研修転移の評価をすべく、受講者に簡易なアンケート調査を行うとします。実は、かつての研修受講者に対する質問項目の内容（メッセージング）そのものが、研修転移を促すための「リマインダー」として機能することが知られています [15]。研修で学んだ内容を実践することを、ついつい後回しにしていた研修受講者は、研修転移を尋ねる

アンケートの質問項目を目にして、「あ、そうだ。自分は研修で学んだことを実践するんだった」と思い出すことができるのです。

　研修評価は、客観的に「研修効果を厳密に測定する」ことが目的ではありません。**むしろ、研修で学んだことが実践されるように、研修受講者に積極的に働きかけていく行為ということになるのです。**

4. 研修をどのように評価するのか

　前節で、私たちは、研修評価がどのような仕組みを通して、経営や現場にインパクトをもたらすのかを、次の3点に分けて概観しました。

①形成的評価機能
　研修担当者が、研修の良し悪しを把握し、より良く改善するために行う研修評価
②総括的評価機能
　研修で学んだことが現場で実践され、役立っていることを明らかにするための研修評価
③リマインド機能
　研修で学んだことを現場で実践させるために、研修終了後に、研修評価の体を用いて、研修受講者にリマインドを行う機能

　研修評価にこれらの3つの役割があることは理解できたとして、そのためにどのような手法を用いて研修を評価していけばいいのでしょうか。その具体的な手法については後述します。しかし、その前にいったん、従来のアカデミックな研究が、研修評価をどのように捉え、何を勧

15. Saks, A.M. & Burke, L.A. (2012) An Investigation into the Relationship Between Training Evaluation and the Transfer of Training. *International Journal of Training and Development.* Vol.16. pp.118-127.

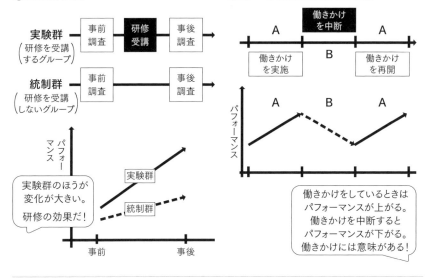

めてきたのかを押さえておきましょう。

◉──企業内研修の「厳密な評価」という幻想

「はじめに」でも言及したように、アカデミックな研究では、研修の評価ということになると、まず想起されるのは「①実験計画法」というものです（図表4参照）。対象者を「研修を受講する群（実験群）」と「研修を受講しない群（統制群）」という異なる2つのグループ（群）にランダムに割り当て、かつ、研修の事前と事後にデータ取得を行い、実験群への働きかけの効果を統制群と比較することで効果を測定する方法です。

あるいは、「②単一事例実験法（ABA法）」というものもあります。統制群などがつくれないとき、単一のグループ（単一事例）に対して、働きかけの強度を時系列で変化させていくことで、その働きかけの持つ効果を測定する方法です。

例えば、ある人々に何らかの働きかけを（1）実施したとき、（2）実

施しなかったとき、(3)再び実施したときと3段階の期間をつくります。それぞれの期間で、人々のパフォーマンスがどの程度変容していくかを時系列で比較していけば、働きかけの効果を測ることができます。

これらの手法は「アカデミックに厳密な評価を行う」という点では意味のあるものです。筆者らも、学術研究の分野では、こうした実験法を用いながら研究をしてきました。ただ、先にも述べたように、こと企業研修においては、これらの手法を転用し、実験室的な評価方法を用いることは、実際は難しいというのが筆者らの見解です。

実験計画法でいえば、企業活動を行っている現場に、あえて「研修をしない」統制群をつくるのは現実的ではありません。また単一事例実験法であれば、ある働きかけが奏功しているのに、効果を測定するという名目で、働きかけを中断するという選択をとること自体が、現場には受け入れられないものになりがちです。よって、これらの手法によって、どれほど「厳密な評価」を行うことができたとしても、それが組織として歓迎されない、といった事態が生まれます[16]。

それでは、私たちは、どのような評価方法を用いるのが現実的で、かつ、持続可能なのでしょうか。本書では、アカデミックな知見にルーツを持ちつつも、より実践可能な手法を提案していきたいと思います。

◉―企業における実践的な研修評価のあり方

結論から述べると、私たちの提案する評価手法は、①研修評価のために取得するデータの種類、そして、②研修評価を行うタイミングを「ブリコラージュ（組み合わせ、ミックス）」させて行う方法です。

---

16. 年に数回エンゲージメントサーベイを行っているような会社で、ある研修を支社の一つであるA支店から始めるといった場合に、そのA支店のデータを「実験群」、残りの支社のデータを「統制群」と見なすといったことは可能です。工夫次第で、統制群と実験群を確保することもできないわけではないですが、実際には、比較するに値する適切な統制群を、適切なタイミングで確保することは難しいでしょう。

> **①定量データと定性データを「混合」させる**
>   研修評価のデータを定量・定性問わず「混在」させること
> **②研修直後の測定と研修転移の測定を「混合」させる**
>   研修直後のアンケート調査に加えて、研修転移を測定すること

　要するに、①データの種別として、定性データと定量データを混合させること、②データをとるタイミングとして、研修直後の測定と研修転移の測定を混合させることを、最も実践的（プラクティカル）な評価手法として提案したいと思います。これを本書では「混合評価（Mixed Evaluation：ミックスド・エバリュエーション）」と呼んでいきます。

　混合評価の要諦の一つは、定量的なデータだけでなく、定性的なデータを組み合わせる点にあります。
　まず、**定量データ**とは、数字で表現されるようなデータです。客観的に見えやすく、データの扱い方が容易であるところが特長です。集団同士の比較や、時系列の変化を把握するのにも向いています。一方、**定性データ**とは、いわゆる聞き取りやヒアリング、インタビューといった手法で収集される、言葉で表現されたデータのことをいいます。こうしたデータは迫真性・説得力に富み、数字よりもクリアに、現場でどのような実践が行われているのかをステークホルダーに伝えることができます。混合評価では、これらの異なるデータを「ブリコラージュ（組み合わせ）」します。
　かつて心理学者ジェローム・ブルーナーは、そもそも人が現実を認識していく際には2つのモードがあるとしました。1つは「論理実証モード（Paradigmatic Mode：パラダイグマティックモード）」。もう1つは「物語モード（Narrative Mode：ナラティブモード）」です [17]。
　前者の「論理実証モード」とは、人々が論理的な整合性を保つべく、

	定量データ	定性データ
メリット	・論理性に富み、科学的理解が可能 ・数字で表現できるので信頼性が高い ・集団間や時系列などで比較が容易 ・安価にデータを取得できる	・迫真性に富み、納得感や腹落ち感が得られる ・現場の生々しい状況が把握可能 ・測定者が予想していない結果も得られる
デメリット	・測定者が問うたことしか、回答は得られない ・データが浅い（現場の生々しい状況は見えない）	・データの取得が大変 ・集団間、時系列の比較などはできない ・客観性には乏しい

科学的な検証を行うことによって、客観性や数値化を意識し、合理的に理解を促す認識の仕方です。強いていえば、先ほどの「定量データ」がこれに近いものと考えられます。

　一方で、人は数字や論理だけでは動かないものです。その際に必要になるのが「物語モード」の現実認識です。物語モードとは、人々が「複数の出来事の連鎖」の中から、物事の本質をあたかも物語のように「意味」づけて理解していくモードです。物語モードの理解とは、数字や論理で綾取られていなくても、迫真性・真実味・納得感につながります。

　経営者やステークホルダーを動かすためには、これら2つのモードの双方を用いていくことが求められます。論理実証モードを駆動させ「数字」を追いつつ、一方で、研修受講者の具体的な「言葉」、生の「エピソード」を物語モードで伝えていくほうが、研修に投資することの意味

17.　Bruner, J. S.（著）田中一彦（訳）（1998）『可能世界の心理』みすず書房.

や意義を理解してもらいやすいのです。

　一般に、経営者やステークホルダーは、まず「数字」を好む傾向があります。「どんなに研修受講者の感情が動かされた研修」であっても、「どんなに感動的な研修」であっても、研修の良し悪しを判断するために、何らかの「数字」が研修担当者から提示されていなければ、彼らは、首を縦に振ることはありません。

　経営者は、日々、「客観性」「合理性」「効率性」の世界で、しのぎを削っている人々です。彼らに「数字」なしで、物事を判断させることは、きわめて難しいといわざるをえません。

　一方で、彼らは、研修担当者が上げてくる「数字」をそのまま「鵜呑み」にしているか、というと、そうではないケースがほとんどです。

　先に述べたように、研修評価は「学術的に厳密な方法で効果を測定すること」がきわめて難しい領域です。よって、そこで得られるデータや結論が「厳密に因果関係を指し示すことにはならないこと」は、彼らも、うすうす気づいています。要するに、企業における研修評価では、「ツッコミ」を入れようと思えば、いくらでもツッコミ可能な「因果関係風のロジック」しか得られないことが、ほとんどなのです。

　やや困惑した彼らは、ぼんやりと、こうも考えています。「ここで、厳密な因果の説明を求めても、研修担当者が困って、単純に仕事が増えるだけで、ビジネスにインパクトがもたらされないだろうな……」。そこで、彼らが意思決定を行うためには、彼らの行動を促す「もう一つの材料」が必要なのです。

　このような状況で、私たちは、一体、何をなしえるでしょうか。

　まず、間違いないことは、私たちは、いったんは「数字」のデータを彼らに提示しなければなりません。さらに加えて、「彼らの背中を一押しするもの」がなくてはなりません。

　それが「現場の物語」です。先の「物語モード」で得られたデータを

用いて、彼らの脳裏に、現場の様子を思い浮かび上がらせるのです。

「現場の人々の仕事が○○なふうに改善した」
「現場の管理職が○○と感謝している」
「現場の人々がこの研修に参加したら○○のような成果が出た」

　こうした「定性データ」すなわち「現場の生の声」をインプットすることで、彼らは重い腰を上げ始めます。経営者は、「現場が改善している」ならば、「現場の管理職が感謝している」ならば、「現場の人々が成果を出している」ならば、この研修を続けてみよう、と思うものです。
　このように研修評価には、異なるタイプの2つの情報が必要です。経営や現場にインパクトをもたらすためには、経営者やステークホルダーをさまざまなモードを用いて「動かす」必要があるのです。

　それでは私たちは、混合評価を具体的にはどのように実践していけばいいのでしょうか。その答えは、第3章・第4章で詳細に見ていくことにします。続く第2章で私たちは、混合評価のアイデアにつながるような、研修評価研究の知見を概観していきます。第2章の知識は、一見、遠回りのように感じるかもしれませんが、この章を読めば、なぜ混合評価を行っていくことが経営・現場にインパクトをもたらすことになるのかが理解できるはずです。

まとめ

第1章では、「そもそも研修評価とは何か？」というテーマのもと、まずは人材開発の定義まで立ち返り、研修評価の目的は「経営・現場にインパクトをもたらすこと」にあると述べました。そのうえで、研修評価の3つの役割（機能）を確認し、最後に、本書で筆者らが提案する「混合評価」のコンセプトを示しました。

1. そもそも研修評価とは何か？

・研修評価の目的は「経営・現場にインパクトをもたらす」こと
・研修評価の役割（機能）は「形成的評価機能」「総括的評価機能」「リマインド機能」の3つである
・企業内の研修評価において「厳密さ」に囚われる必要はない

2.「混合評価」のコンセプト

・混合評価とは、アカデミックな知見にルーツを持ちつつも、「実践」を重視する研修評価の手法である
・混合評価は、定量データと定性データを組み合わせる
・混合評価は、研修直後の測定と研修転移の測定を組み合わせる

CHECK POINT!!

本章での学びを現場での実践につなげるために、次の点をチェックしてみましょう。

☐ 人材開発において「学習軸」「経営軸」の双方を意識していますか？

☐ 研修を「厳密」に評価することに囚われていませんか？

☐ 自社の研修評価は「経営・現場にインパクト」を与えていますか？

なぜ研修評価は難しいのか?

このコラムでは、本書の「はじめに」で述べたことを踏まえて、「なぜ研修評価は難しいのか?」を、下記の3つの観点から解説していきます。こうした背景事情をご理解いただくことにより、現場における「研修評価」の効果的な実践につなげていただきたいと思います。

①前例踏襲の風土を乗り越えられない
②上司の理解が得られない
③研修担当者・現場マネジャー・研修講師の共犯関係

①前例踏襲の風土を乗り越えられない

研修担当者がより良い研修評価をしたいと思っていても、ついつい前年と同じアンケートを実施してしまう、というのはよくあることです。

以前からのやり方を踏襲してしまう理由は大きく2つあります。1つは、アンケートの取得そのものが目的化していること。もう1つは、研修の前段階業務が多忙すぎることです。

1つ目から見ていきましょう。

経営層の日々の意思決定は、各部署から上がってくるデータに基づいてなされ、経営戦略を実現するための各種施策に落とし込

まれていきます。一方で、人事教育部門における研修アンケートの回答データについては、その活用度合いはかなり遅れているといわざるをえません。

研修直後アンケートの評価やコメントは、社内報告用に集約されたり、次年度の研修プログラムの継続可否の判断に用いられたりしていますが、その活用範囲は、人事教育部門の範疇に限られ、受講者起点で活用されることは少ないのが現状です。

その理由としては、人事教育部門視点のアンケート取得が常態化してしまっており、どのようなアンケートを実施し、その結果をどのように受講者起点で活用するかを考えないまま、ただ前例踏襲して実施していることが多いからです。この状態では、アンケートに回答する受講者にもその目的や意義が伝わらないため、惰性で回答されることにもなりがちです。その結果、アンケートは実施しているものの、活用に値しないデータを収集することになってしまいます。

2つ目の、研修の前段階業務が多忙すぎるという点についてはどうでしょうか。

研修担当者の仕事を観察すると、研修評価の業務に割ける時間はごく限られていることがわかります。大きな理由は、研修の「前」「中」「後」という工程のうち、研修の「前」段階にかなりの時間と労力が費やされているからです。これは、多くの企業で研修企画の立案に価値が置かれていることの表れともいえるでしょう。

実際に、研修の「前」段階では、研修担当者が行うべきタスクが山ほどあります。研修企画の立案に際して事前アンケートやヒアリングなどを実施し、それを踏まえた企画案を作成します。その企画案を提出すると、上司や担当役員への企画内容の説明やそ

の練り直しなどが生じます。さらに、企画の承認が下りた後も、社内で研修を実施するための関係各部署との調整などの事前オペレーションに追われます。外部講師を活用する場合は、研修会社の営業担当者とのやりとりも発生します。

　その結果、研修後の効果測定に意識が向きづらい状況が生まれます。また、研修以外にも多数の業務を抱えているため、ようやく研修が終わると、すぐに次の研修の「前段階の業務」に取りかからなくてはいけないということも多いでしょう。

　以上、これら2つの理由から、たとえ研修評価の方法を改善したいという意識を持っていても、前例踏襲の風土を乗り越えることができないのです。

②上司の理解が得られない

　上司に研修評価の改善提案をしたものの、良い反応が得られなかったというのはよくあることです。

　そこには大きく分けて2つのパターンがあります。1つは、アンケート項目の改善提案に微妙な反応をされる。もう1つは、効果測定に時間をかけすぎるなといわれる、というパターンです。

　まず「アンケート項目の改善提案に微妙な反応をされる」パターンを見てみましょう。上司にしてみれば、研修後に実施するアンケートの設問項目が「研修の満足度」だろうが「研修の業務活用度」だろうが、大した違いはないと感じることが少なくありません。人材開発や組織開発にまつわる高い専門性を有している人事教育部門の管理職はそれほど多くありません。特に、研修評価の重要性や方法論をきちんと理解している方はまれです。

　むしろ、設問項目を変えることで、過去の研修のアンケート結

果よりも数値が落ちることを懸念する傾向が強いのではないでしょうか。その場では設問項目を変えることに了承を得られたとしても、いざアンケート実施後に「どうして数値が下がったの？原因は？」などと突っ込まれたり、ネガティブな反応をされたりすることもありえます。

　次に「効果測定に時間をかけすぎるなといわれる」パターンを見ていきます。例えば、研修担当者が「研修で学んだことを職場でどれだけ実践しているか」という実践度を測定したとしましょう。作業を始めてみると意外と大変なことがわかり、測定する期間が長くなると担当者の労力もかかります。その様子を見ている上司は、人件費以上の効果が出るのだろうかと疑心暗鬼になります。また、職場で実践されようがされまいが、その職場の成果に責任を負うのは現場のマネジャーであり、人事部の長ではありません。

　その結果、効果測定の優先順位を下げ、他の業務に時間を割くように、といわれたりします。長期にわたる効果測定に対してポジティブな反応をもらうことは難しく、頓挫してしまうことが多いのです。

③研修担当者・現場マネジャー・研修講師の共犯関係

　研修担当者は、現場に負荷をかけたくないという理由から、本質的な課題の把握から逃げてしまうことがあります。例えば、OJT研修を企画する場合、本来であれば、職場の責任者やOJTの経験者にヒアリングさせてほしいと現場サイドにお願いすることも必要です。しかし、現場から離れて年数が経っている研修担当者は、自身の現場の専門知識が古くなっているという怖さも相ま

って、現場に直接出向いてヒアリングしたり、直接対話したりすることは、できれば避けたいと思いがちです。

　一方で、現場マネジャーは、研修に対して、参加者や自身の負荷を極力減らして、少しでも現業に時間を充てられるようにしたいと思っていることが少なくありません。現場サイドの意向を直接話す必要性を感じながらも、研修担当者からのヒアリングなど面倒なものはなるべく避けたいと思っています。つまり、ここに、研修担当者と現場マネジャーの「共犯関係」が成立します。

　一方、研修講師はどうでしょうか。研修講師を外部から招聘している場合、彼らが最も気にするのは「良い評価を得て、リピートされるかどうか」です。そのため、研修評価は「良い評価」が簡単に出やすいもののほうが都合がいいのです。よって、研修評価の基準を、研修直後に行われる簡単なアンケートに求めがちです。研修の中で研修参加者を楽しませるような話をするといった方法で、満足度評価は比較的上がりやすいからです。

　このように研修担当者・現場マネジャー・研修講師は、研修企画や実施において、三者ともに「真の課題解決（研修転移を高めること）」に踏み込もうとしない場合があります。つまり、三つ巴の形で「共犯関係」にあるともいえるわけです。

　このような状態では、結果として踏み込んだ研修企画にならず汎用的な研修になることが多くなります。したがって、研修評価の改善に踏み込むこともなく、今までどおりの研修評価がそのまま踏襲されることになるのです。研修での学びが職場で活かされているかを、研修評価を通じて正確に見ていくためには、研修担当者・現場マネジャー・研修講師の共犯関係を改め、解決すべき課題のために時間と労力をかけることをお互いがコミットするこ

とが不可欠です。

　この世では、いつだって犠牲になるのは、最も「ヴァルネラブルな（弱い立場にある）存在」です。忙しいのに現場から引き離され、時間をかけて学び、しかしながら、学んだことを実践することもさして期待されない人……すなわち、研修の参加者がこの共犯関係の「犠牲者」になってしまうことだけは、避けなければなりません。

研修に業績への「直接効果」はない！

◉—企業の成果・業績に対する研修の効果

　本章で述べたとおり、研修には、成果・業績を直接高めるような、いわゆる直接効果はないと考えるのが、多くの専門家の一致するところです[18]。もし研修をやって売上が上がるのであれば、研修だけやっていればよいかもしれません。しかし、実際にはそうではありません。研修ばかりやっていて、お客様との接点を持たなければ、当然、売上は上がらないのです。

　しかしながら、研修には「媒介変数（研修と成果・業績との関係を側方から後押しするような要因）」を経由して、成果・業績に対して、良い影響を与える「間接効果」があります[19]。その媒介変数が、本書で論じている「従業員の行動変容」なのです。研修は、従業員の行動に影響を及ぼすことにより（従業員の行動を

---

18. 実際には、研修を行っている企業と行っていない企業では、業績に差があるという先行研究はあるのですが、個々の研修と業績の関係を明らかにしたものではありません。
　　例えば、アーサーら（2003）が行ったメタ分析の結果、研修には、中～大の効果量（0.60～0.63）があることが明らかになっています。この効果量の大きさから「研修は全般的に効果がある」といえるのです。（Arthur Jr. W. Bennett Jr. W. Edens, P. & Bell, S. (2003) Effectiveness of Training in Organizations: A Meta-Analysis of Design and Evaluation Features. *Journal of Applied Psychology.*)
　　このように、研修は、事業成果に正の効果を示すが、各研修プログラムがそうだとは言い切れないのです。（Griffin, R. (2014) *Complete Training Evaluation.* Kogan Page.）
19. 媒介効果（Mediation Effect）とは、原因と結果の間にあって、双方の関係を仲介する要因の効果のことです。（安田節之・渡辺直登（2008）『プログラム評価研究の方法』新曜社.）

媒介して）、間接的に成果・業績に影響を及ぼしているのです。

　この従業員の行動を含む「人的資本」と「企業業績」の間接効果に着目したのが、クルックらのメタ分析 [20] です。彼らは、バーニーの「リソース・ベースド理論」[21] こそが、人的資本がなぜ企業業績に影響するのかを説明する理論であるとし、この理論が紹介された1991年からの研究66本をメタ分析（多数の論文をさらに分析し、効果を解析する方法）にかけました。

　その結果を示したのが次ページの図表6です。クルックらは、「人的資本」[22] は「オペレーショナル・パフォーマンス（行動成果）」を介して、「企業業績（財務指標）」に影響していたことを明らかにしました。そして、その影響度は、人的資本から企業業績への直接効果よりも高いことがわかりました。平たくいうと、**人的資本（人に投資された内容）は、企業業績に直接影響を与えるというよりも、行動成果を上げることを通して、間接的に、企業業績に影響を与える**、ということです。

　この「オペレーショナル・パフォーマンス（行動成果）」は、まさに従業員の行動の結果、出てくる数字です。この従業員の「行動成果」を高めることが、「企業業績（財務指標）」を高めること

20.　Crook TR, Todd SY, Combs JG, Woehr DJ, & Ketchen DJ Jr. (2011) Does Human Capital Matter? A Meta-analysis of the Relationship Between Human Capital and Firm Performance. *The Journal of Applied Psychology*. 96:443–56.

21.　「Resource Based Theory：リソース・ベースド理論」または「RBV：Resource Based View」は、J.バーニーが1991年に提唱したもので、そのエッセンスは2つの命題にまとめられます。（1）企業リソースに価値があり（Valuable）、希少な（Rare）とき、その企業は競争優位を実現する。（2）さらにそのリソースが、模倣困難（Inimitable）で、代替が難しい（Non-substitutable）とき、その企業は持続的な競争優位を実現する（入山章栄（2019）『世界標準の経営理論』ダイヤモンド社.）。つまり、その企業内に、他社にない「価値ある資源（例：人的資本）」があるなら、その企業は競争優位を持つことができるということです。

22.　「人的資本」には、従業員の知識・スキル、教育・研修、業界経験、勤続年数、組織学習、リーダーシップ能力等が含まれています。

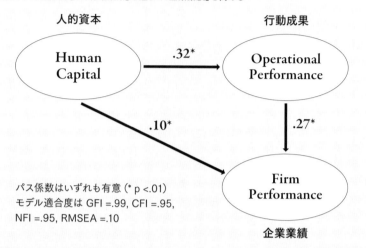

図表6 │「人的資本」は「行動成果」を通して「企業業績」を高める

人的資本　　　　　　　　　　　　行動成果

Human Capital ── .32* ──▶ Operational Performance

.10*　　　　　　　　　.27*

Firm Performance

企業業績

パス係数はいずれも有意（* p <.01）
モデル適合度は GFI =.99, CFI =.95,
NFI =.95, RMSEA =.10

出典：Crook TR, Todd SY, Combs JG, Woehr DJ, & Ketchen DJ Jr. (2011) Does Human Capital Matter? A Meta-analysis of the Relationship Between Human Capital and Firm Performance. *The Journal of Applied Psychology.* 96.

につながるのです [23]。

　すなわち、ここで確認しておかなければならないことは、教育スタッフが目指すべきは、直接、企業業績に影響を及ぼそうとすることではなく、従業員の行動を通して、間接的に、企業業績に影響を及ぼしていくことなのです。このメタ分析の結果 [24] は、研修に関わる人間に「勇気」を与えてくれます。

23.　「オペレーショナル・パフォーマンス（行動成果）」には、顧客満足度、従業員の生産性、新商品・サービスの開発数、現場営業の行動度合い、離職率等が含まれています。主に従業員の行動による結果が数値として表れたものであるため「行動成果」と本書では訳しました。「企業業績（財務指標）」には、ROA（総資産利益率）、ROS（売上高利益率）、ROE（自己資本利益率）等が含まれます。(Crook TR, Todd SY, Combs JG, Woehr DJ, & Ketchen DJ Jr. (2011) Does Human Capital Matter? A Meta-analysis of the Relationship Between Human Capital and Firm Performance. *The Journal of Applied Psychology.* 96:443–56.)

24.　さらにこのメタ分析で明らかになった知見が、「企業特殊な人的資本」のほうが「一般的な人的資本」よりも、企業業績への影響度が強かったというものです。つまり、その企業に従業員が長く勤めてくれたり、その企業独自の教育が行われたりしているほうが、より企業業績が良くなるということです。

◉—成果につながる行動を明確化する

　この知見は本章で説明してきたことと符合します。**成果・業績を上げるには、会社が設定した戦略の実現、目標の達成に向けた従業員の行動こそが重要である、ということです。**

　例えば、会社がある市場に対して営業戦略を立てたとすると、その実現に向けて行動する営業マネジャーや営業担当者の働きが必要になります。その行動とは、市場内の顧客に対する働きかけ（訪問や接点づくり）であったり、顧客から得た情報を組織内で共有したり、といったことでしょう。これらの行動を適切にとることによって、組織は成果・業績を上げることができるのです。逆に、これらの行動がない限り、組織が設定した戦略や目標は、絵に描いた餅となってしまうでしょう。

　こうした従業員の行動に影響を及ぼすのが、研修なのです[25]。研修を通じて、従業員は、戦略の実現、目標の達成に向けて「とるべき行動」が何かを学んだり、再確認したりします。そうであるならば、**研修を企画・設計・運営・評価する教育スタッフは、「どんな行動をとれば、成果につながるのか」を明確にする必要があります。**いわゆるバックキャスト（ゴールから考える）の思考です。それらの「とるべき行動」が不明確なまま、研修を行っても、現場（ライン）にとって「役立つ研修」にはならないでしょう。その研修をやっても「成果につながる行動」がわからないわけですから当然です。この「成果（レベル4）につながる行動（レ

---

25. ブリンカーホフら（2008）は、研修の目的は「組織が戦略を実行し、目標を達成する支援をすること」であるとし、研修のゴール（目標）は「お金を生み出すことではなく、組織が事業目標と戦略を達成するのを手助けする従業員の能力向上である」と主張しています。（Mooney, T. & Brinkerhoff, R. O. (2008) *Courageous Training: Bold Actions for Business Results.* Berrett-Koehler.）

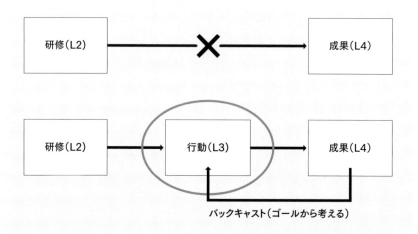

ベル3）の明確化」については、続く第2章・第3章で詳しく解説していきます。

●―現場での「行動（レベル3）」までを約束する

　このような最近の研究動向を鑑みると、教育スタッフは自信を持って、研修のステークホルダーに次のことを主張すべきだと私たちは考えます。

　「研修は、直接、成果には結びつかない。成果（レベル4）までは約束できない」
　「しかし、研修は、現場行動を介して、成果に結びつく。だから、現場での行動（レベル3）支援までは約束する！」

「行動（レベル3）までは約束する」としたならば、まず、どうやって現場での行動を促していくのか、を考えなければなりません。それが「転移促進」です。例えば、p29では、研修評価の「リマインド機能」を紹介しましたが、これも転移促進の一つです。

　また、実際に現場で行動してくれたのかどうかを確認する必要があります。それが「転移測定」です。そのうえで、測定結果をもとに、研修の有効性を評価し、継続や中止の意思決定を行う必要があります。すなわち「総括的評価機能」です。

　繰り返しになりますが、研修は従業員の行動に影響を与え、間接的に成果・業績に影響を与えます。もしかすると「そうはいっても、直接効果がないのであれば、研修なんてやっぱり意味がないのでは」と思う方もいるかもしれません。

　では、仮に、研修という手段をとらない場合、他にどんな手段を使って、従業員の行動に影響を与えるのでしょうか。メールによる従業員への通達、掲示板への提示、役員からのビデオメッセージ等でしょうか。少し考えてみればわかりますが、どうしても一方通行なものにならざるをえません。

　はたまた、採用や配置転換による人材の入れ替えでしょうか。あるいは、インセンティブを含めた報酬の設定でしょうか。しかし、それらは何度も何度も繰り返すことはできません。それでは、中間管理職からの日々の働きかけでしょうか。確かにパワフルですが、彼らも忙しく、毎日行うわけにはいきません。また中間管理職本人が、必要な知識・スキルを持っていない場合は、それを部下に伝えることはできません。

会社の中で従業員に働きかける手段は、意外と限られています。 その中で、一定期間、従業員を一つの場所に集め（オンライン上であっても）、特定の活動に従事させることのできる研修は、実は貴重な手段であり、有効な打ち手となりえるのです [26]。

　そのような貴重な手段である研修だからこそ、その有効性を判断するための総括的評価が必要になります。従業員の行動に影響を及ぼすことが、研修の目的だとしたら、その有効性の判断は「従業員の行動に影響を及ぼしたのか？」という点です。もしその研修が、従業員の行動に影響を及ぼしたのであれば（そして、その結果として、成果・業績に結びつくとしたら）、その研修は継続すべき価値があり、そうでなければ中止すべきという意思決定ができるのです [27]。

---

26. 筆者（関根）の知り合いの経営者は、「1年目は血止め（コスト削減）、2年目から研修（情報共有・未来構想）、3年目に結果（黒字）を出す」という流れで、複数企業の再建を行ってきたことを語ってくれました。その方にとって「研修」は、会社の方向性を示しながら、従業員（特に管理職）に考えさせる有効な打ち手であったそうです。

27. しかし、実際のところ、「人事担当役員が変わったから、研修を見直す」「部長方針で、新しいことを始める」「新しく担当になったので、前とは違うことをやりたい」など、裏付けが不明確で、どちらかというと感覚的な「総括的評価」が行われ、「ガラガラポン」となってしまっている組織もあります。

第2章

研修評価研究を概観する

　第2章の目的は、過去から現在に至る研修評価の流れと、主要な研修評価の枠組みを知ることです。少し回り道のように感じる方もいるかもしれませんが、本書で提唱する「混合評価」の有効性や意義をより深く理解するためには、これまでに蓄積された研究知見を学ぶことが重要になります。

　本章では、まず、研修評価研究の歴史的発展のプロセスを扱います。具体的には、研修評価研究を強力に推し進めた3人の研究者を紹介します。

　次に、研修評価の代表的モデルである「カークパトリックの4レベル評価モデル」についての概要と、このモデルを用いた先行研究にも触れます。さらに、このモデルへの批判と、そこで提示された新たなモデルとして「フィリップスの5レベルROIモデル」を解説します。

1. 研修評価の歴史的経緯と3人の人物

　ここでは、過去から現在に至る「研修評価研究」を概観します。私たちが本書で主張する「混合評価」の妥当性を理解するためにも、まずはいったん「温故知新」ということで、古きを訪ねてみましょう。

　そもそも研修評価研究はどのように始まり、どんな経緯を経て、現在に至るのでしょうか。その大まかな流れを知ることは、「これからの研修評価」を考える際の土台になってくれることでしょう。

◉──研修評価（Evaluation of Training）の発展

　研修評価は、大きくは「評価（Evaluation）」研究の中に位置づけられます。評価研究は、主には国の政策や行政のプログラムを評価したり、

教育機関での授業を評価したりするために行われているものです。評価そのものは「研究分野としては若いが、古くから実践されてきた」といわれています [28]。その中で「研修評価（Evaluation of Training）」は、20世紀初頭のアメリカ [29] において、教育プロセスの向上に関する研究として生まれました [30]。

　歴史を振り返ってみると、企業研修自体は、第二次世界大戦中および直後の「労働者への教育」という目的から急速に発展していきました。当時、TWI（Training Within Industry：産業内訓練）と呼称するプログラムが広がり、多くの社内講師や現場監督者が研修を受けています [31]。研修ディレクターという新しい仕事が生まれ、1945年には、人材育成や組織開発を支援する会員制組織として、現在のATDにつながるASTD [32] が産声を上げました。

　そうした中、1950年代以降、企業に広がった研修を、単に実施した

---

28. 「評価研究」の大御所マイケル・スクリヴァンからの引用です。（Davies, R. & MacKay, K. (2014) Evaluation Training: Content and Topic Valuation in University Evaluation Courses. *American Journal of Education.* より）

29. 1920年代に、アメリカで教育プロセスの向上を図る「授業評価」が始まりました。その記念碑的論文が、ブランデンバーグとレマーズによって、1927年に発表されます。「教師が持つべき特性」10の項目に、教員がどの程度あてはまるかを学生に訊くものでした。（山地弘起（編著）(2007)『授業評価活用ハンドブック』玉川大学出版部.より）

30. Donovan, P. (2014) The Measurement of Transfer Using Return on Investment. Schneider, K. (eds.), *Transfer of Learning in Organizations.* Springer. pp.145-168. を参照。

31. TWIによって、1945年時点で、2万3000人の社内講師と180万人の監督者への研修が実施されました。（Torraco, R. J. (2016) Early History of the Fields of Practice of Training and Development and Organizational Development. *Faculty Publications in Educational Administration.* 15.）

32. 最初の名称は the American Society of Training Directorsであり、その後、the American Society for Training and Development（ASTD）となり、現在のthe Association for Talent Development（ATD）に変わりました。（Torraco, R. J. (2016) Early History of the Fields of Practice of Training and Development and Organizational Development. *Faculty Publications in Educational Administration.* 15. より）

33. Wang & Spitzer（2005）は、研修評価研究の発展の過程を、3つの段階に分けています。(1) 実践志向・理論なき段階、(2) プロセス重視・オペレーション段階、(3) 研究志向・実践基盤の包括的段階の3つです。第1段階は、1950年代から1980年代を指し、そのきっかけはKirkpatrick（1959他）の「4レベル評価モデル Four-level Model of Evaluation」でした。第2段階は、1990年代からのグローバル競争の激しさによるROI重視の機運から始まりました。第3段階は、Holton(1996)の「4レベル評価モデルの欠点」がきっかけとなり、より理論的で実務家に有用な研究が目指されるようになり、現在に至っています。（Wang, G. G. & Spitzer, D. R. (2005) Human Resource Development Measurement and Evaluation: Looking Back and Moving Forward. *Advances in Developing Human Resources.* Vol.7 pp.5-15. および Donovan, P. (2014) The Measurement of Transfer Using Return on Investment. Schneider, K. (eds.), *Transfer of Learning in Organizations.* Springer. pp.145-168. より）

ままにするのではなく、きちんと「評価」していこうとする動きが出てきました [33]。そこから現在にかけて、研修評価発展の歴史は、3人の代表的研究者（レジェンド）によってつくられていきます。

1950年代〜　ドナルド・カークパトリック（Donald Kirkpatrick）
1980年代〜　ジャック・フィリップス（Jack Phillips）
2000年代〜　ロバート・ブリンカーホフ（Robart Brinkerhoff）

　本書では、この3人の知見を参考に「これまでの研修評価」と「これからの研修評価」について考えていきます。その前に、3人のレジェンドの人物素描を行いましょう。研修評価研究を牽引してきた時代の寵児たちは、そもそもどういう人物だったのでしょうか。

◉─ドナルド・カークパトリック

　1人目のレジェンドは、最もよく知られる研修評価のフレームワーク（枠組み）を提示したドナルド・カークパトリックです。

　ドナルド・カークパトリックは、ウイスコンシン大学で教鞭をとりながら、1954年に研修評価に関する論文で博士号を取得しました。その後、1959年に「ASTDジャーナル」の編集者ボブ・クレイグに頼まれ、研修評価に関する4つの記事 [34] を書くことになります。この「研修プログラムを評価するテクニック（Techniques for Evaluating Training Programs）」で、現在、研修評価の最も一般的な考え方になっている4段階の評価モデルが提示されました。カークパトリックの評価モデルは、この記事では「4ステップ（Four Steps）」と表記されています。この記事をきっかけに、多くの研修ベンダーやコンサルタントが「カークパトリックの4レ

---

34. *Journal of the American Society of Training Directors,* ASTD（1959, 1960）に寄稿された記事です。（Kirkpatrick, J. D.& Kirkpatrick, W. K. (2009) *Kirkpatrick Then and Now: A Strong Foundation for the Future.* Kirkpatrick Publishing. より）

ベル評価モデル」について語り始めました [35]。

　その後、1992年に、カークパトリックはカリフォルニアの友人ジェーン・ホルコムから「あなたが一昔前に書いた研修評価の記事が見つからない。一度、本人の口から"研修評価"について語ってみたらどうか」と勧められたそうです[36]。それを受け、カークパトリックは1994年に『研修プログラムの評価』（原題 *Evaluating Training Programs : The Four Levels.* Berrett-Koehler）という書籍を出版しました。この書籍の中で彼が提示した「4レベル評価モデル」が、研修評価の支配的枠組みとなり、現在に至ります。

◉──ジャック・フィリップス

　ドナルド・カークパトリックの「4レベル評価モデル」をもとに、「ROI（Return On Investment）：投資対効果」を「レベル5」として提示したのが、研修評価研究のレジェンドの2人目、ジャック・フィリップスです。

　彼が「4ステップ」の考え方を知ったのは、1960年代、ロッキード社の研修担当だったときだそうです [37]。その当時、ロッキード社での研修評価プロセスの向上に彼のチームが取り組んでいました。その後、フィリップスは、統計における修士論文のテーマに「研修のインパクトと金銭的価値」を選び、その研究を進めるために、1974年にドナルド・カークパトリックとコンタクトを取り、意見交換をしています。

　研究を進めていく中で、フィリップスは、「4レベル評価モデル」における「レベル4：成果」には、ROIが入っていないとして、新たに「レ

---

35. 1959年から50年経った2009年に出版された書籍*Kirkpatrick Then and Now*での回想録の中で、ドナルド・カークパトリック自身は「4レベルとは、一度もいっていない。しかし、誰かがそう呼び出した」「"カークパトリック・モデル"ともいっていない。しかし、研修の実務家たちが、こう呼び出した」と語っています。（Kirkpatrick, J. D.& Kirkpatrick, W. K. (2009) *Kirkpatrick Then and Now: A Strong Foundation for the Future.* Kirkpatrick Publishing.）

36. Kirkpatrick, J. D.& Kirkpatrick, W. K. (2009) *Kirkpatrick Then and Now: A Strong Foundation For the Future.* Kirkpatrick Publishing. を参照。

37. *Kirkpatrick Then and Now*（2009）に、ジャック・フィリップスも文章を寄稿していて、その内容を参照しました。

ベル5：ROI」を加えた考え方を提示しました [38]。その後、彼は、1983年に『教育研修効果測定ハンドブック』を出版し[39]、「ROIモデル」を紹介します [40]。このモデルは、1990年代以降、グローバル競争の激しさとともに、研修の投資対効果を示す方法として、注目されるようになりました。

　2000年にフィリップスは日本を訪れ、「教育研修効果測定ワークショップ」を開催しています。彼が主宰する「ROIネットワーク」のボードメンバーであった堤宇一氏からの招きがあったそうです。堤氏は、日本での研修効果測定プロジェクトを、一事例として英語で執筆し、その内容がASTDからも刊行されています [41]。

　このように世界で注目されたフィリップスの「ROIモデル」が生まれた背景には、1975年に出版されたゲーリー・ベッカーの『人的資本：教育を中心とした理論的・経験的分析』（佐野陽子 訳、東洋経済新報社）の影響があります [42]。ベッカーの「人的資本論（Human Capital Theory）」により、研修は費用ではなく、従業員の生産性を高めるための投資だという視点が生まれたからです [43]。ベッカーの書籍以降、投資としての研修の金銭的価値を示す手法が複数提示されるようになりました [44]。その一つが、ジャック・フィリップスの「ROIモデル」だったのです。

---

38. 筆者（関根）が参加したASTD（現ATD）2007年のカークパトリックの講演では「ROIは、レベル4に含まれるものであって、5つ目のレベルはないよ。ジャック」と、ROIモデルでレベル5を提唱していたジャック・フィリップスを揶揄するような発言がありました。当時は「ライバルだから？」と思っていましたが、二人は古くからの知り合いだったというわけです。

39. 日本では、1999年に日本能率協会マネジメントセンターから、第3版（1991）の翻訳書『教育研修効果測定ハンドブック』（渡辺直登・外島裕 監訳）が刊行されています。

40. 1992年にASTDから出版されたROIの測定事例集には、ドナルド・カークパトリックが序文を寄せてくれているそうです。（Kirkpatrick, J. D. & Kirkpatrick, W. K. (2009) *Kirkpatrick Then and Now: A Strong Foundation for the Future.* Kirkpatrick Publishing.）

41. 堤宇一（2015）「コミュニティメンバーと共に変容を続ける人材育成マネジメント研究会」香川秀太・青山征彦（編）『越境する対話と学び』第9章. 新曜社. を参照。

42. 日本では、1976年に初版が発行されました。（ベッカー, G.（著）佐野陽子（訳）(1976)『人的資本：教育を中心とした理論的・経験的分析』東洋経済新報社.）

43. ただし、ベッカー自身が「人間を資本として扱うことに対する根強い抵抗がある」と述べているように、人的資本論には批判もあります。批判の概要は朴容寛・金壽子（2014）「人的資源管理論の歴史とその評価に関する研究」大阪産業大学経営論集. を参照ください。

◉──ロバート・ブリンカーホフ

　ドナルド・カークパトリックの記事発表後、1960〜1970年代は、評価研究で「定量手法 [45]」が広く認知された時期でした [46]。その後、1980年代に入り「定性手法 [47]」が注目を浴び、1990年代に入ると、定量と定性の両方を用いた実践的手法が、評価研究の中で使われるようになります。そんな中、非常にシンプルな方法論をひっさげ、2000年代に登場したのが、研修評価研究の3人目のレジェンド、ロバート・ブリンカーホフです。

　彼は2002年に『サクセスケース・メソッド』（原題 *The Success Case Method*. Berrett-Koehler）という書籍を出版し、「研修後の実践度合い」を定量的に数字で把握し、「実践内容」を定性的にインタビューする方法を提唱しました [48]。

　詳細は続く第3章で述べますが、サクセスケース・メソッドは、全員への一般化を最初からあきらめ、「サクセスケース（成功事例）」に着目して、「伸びる人を伸ばそう、伸びる環境を利用しよう」と考えます。これは、新たな可能性を示しているのではないかということで、評価研究の中でも急速に受け入れられている考え方です [49]。

　ブリンカーホフは、興味深い経歴の持ち主で、教授職に就くまでに、5つの職業（アメリカ海軍、大工、西インド諸島での船乗り、プエルトリコでの食品営業、イギリスでの工場勤務）を経ています [50]。彼はヴァージ

44.　Torraco, R. J. (2016) Early History of the Fields of Practice of Training and Development and Organizational Development. *Faculty Publications in Educational Administration*. 15. を参照。
45.　主に、アンケート調査を行い、数字データを収集し、統計分析にかける手法です。
46.　佐々木亮（2020）『評価論理：評価学の基礎』eBook版. 多賀出版. を参照。
47.　主に、インタビュー調査を行い、質的データを収集し、プロセス分析を行う手法です。
48.　本書の共著者の一人（中原）は、2008年のASTDでロバート・ブリンカーホフの講演を聞き、彼の主張である「数字と物語で評価せよ」に共感し「ここにも同志がいた！」と感想を残しています。
　　http://www.nakahara-lab.net/2008/06/astd2008_5.html
49.　佐々木亮（2020）『評価論理：評価学の基礎』eBook版. 多賀出版. を参照。
50.　Brinkerhoff, R. O. (2002) *The Success Case Method: Find Out Quickly What's Working and What's Not*. Berrett-Koehler の著者紹介より。

ニア大学で博士号をとる過程において、アメリカの障害児教育のプロジェクトに10年ほど関わり、1983年に、その内容を実務家に向けたプログラム評価の書籍 [51] として出版しています。

　その後、1990年代に入り、注目を集め始めたジャック・フィリップスの「ROIモデル」に対し、ブリンカーホフは「研修効果を単体で分離して求めることに意味はない」と批判します。彼は、研修を「単体のイベント」として捉えるのではなく「一連のプロセス」として見ることを提唱します。研修は全体のシステムの一部であり、相互に関係し合うという「システム思考」の考え方を、研修評価の中に入れ込もうとしていくのです [52]。その流れの中で「サクセスケース・メソッド」が生まれてきます。

　本書では、本章の後半から第3章にかけて、この3人（ドナルド・カークパトリック、ジャック・フィリップス、ロバート・ブリンカーホフ）の評価手法を詳細に取り上げ、これからの研修評価のあり方を模索していこうと思います。

2. カークパトリックの「4レベル評価モデル」

　まず概観していくのは、1人目のレジェンド、ドナルド・カークパトリックの「4レベル評価モデル」です。現在、企業における研修評価で最もよく使われているのがこのモデルであることに、疑いを差し挟む人はいないでしょう。

---

51. Brinkerhoff, R. O., Brethower, D. M., Hluchyj, T., & Nowakowski, J. R. (1983) *Program Evaluation: A Practioner's Guide for Trainers and Educators.* Kluwer Nijhoff Publishing という書籍です。
52. ブリンカーホフの「システム思考」の考え方が示されている書籍が、Brinkerhoff, R. O. & Gill, S. J. (1994) *The Learning Alliance: Systems Thinking in Human Resource Development.* Jossey-Bass. です。

レベル	名　称	内　容
1	**Reaction** 反応	学習イベントに対して、受講者がどの程度、肯定的に反応したか
2	**Learning** 学習	学習イベントに参加することで、受講者がどの程度、目標とされた知識、スキル、態度を獲得したか
3	**Behavior** 行動	学習イベント中に学んだことを、受講者がどの程度、仕事に戻ったときに活用したか
4	**Results** 成果	学習イベントとその後の定着によって、どの程度の結果が生み出されたのか

出典：Kirkpatrick, D. L. & Kirkpatrick, J. D. (2006) *Evaluating Training Programs.* Third edition. Berrett-Koehler.

◉—「4レベル評価モデル」とは？

「4レベル評価モデル」とは、端的にいえば、（1）研修評価の際には4つの異なるレベルのデータが存在している、（2）評価の目的に応じて、どのレベルのデータを測定するかを体系的に決めるべきだ、とする思考のフレームワークです。図表8に示すように、4つの異なるデータには「レベル1：反応」「レベル2：学習」「レベル3：行動」「レベル4：成果」があります。カークパトリックが1994年に著した『研修プログラムの評価』（原題 *Evaluating Training Programs: The Four Levels.* Berrett-Koehler）の第3版（2006）の定義を参考に、一つずつ確認していきましょう。

レベル1：反応

まずレベル1の「反応」です。カークパトリックは、これを「顧客満足度」と呼んでいます。ビジネスで考えれば、受講者は顧客であり、先々の研修プログラムに継続参加してもらうためにも、受講者の肯定的反応

が必要だ、と述べています。

　例えば、研修直後に「アンケート」をとることは多いと思いますが、そこに「この研修に参加して良かったですか？」など、参加者の反応を尋ねる項目があるとすれば、それはカークパトリック・モデルの「レベル1：反応」の評価を行っていることになります。レベル1の反応は、最も簡単にデータが取得できるという点で、簡便なものです。

レベル2：学習

　次にレベル2の「学習」です。「レベル2：学習」とは、研修後半に、テストやロールプレイ等で知識やスキルの獲得度合いを測ることをいいます。例えば、資格試験などの分野、製造業などの機器の操作などの場合には、この「レベル2：学習」の評価がなされます。カークパトリックは、学習が起こるときには、受講者の（1）知識が増え、（2）スキルが向上し、（3）態度が変化すると考えました[53]。

レベル3：行動

　続いて「レベル3：行動」は、研修の数か月後などに、「研修で学んだことがどのくらい現場で活用されているのか」といった現場実践度を測定しようとすることです。これは、本人による自己評価、または、上司や同僚による他者評価で測定されることが多いでしょう。ドナルド・カークパトリック、そして、彼の息子であるジェームス・カークパトリックは、レベル3における行動変化の測定が最も難しく、かつ最重要であると述べています[54]。

　カークパトリックは、「レベル3：行動」について、職場において受講

53.　Kirkpatrick, D. L. & Kirkpatrick, J. D. (2006) *Evaluating Training Programs*. Third edition. Berrett-Koehler. およびKirkpatrick, J. D. & Kirkpatrick, W. K. (2009) *Kirkpatrick Then and Now: A Strong Foundation for the Future*. Kirkpatrick Publishing. を参照。
54.　同上。

者の行動変化が起きるためには、次の4つの条件が必要であると述べています [55]。

（1）個人が、「変化したい」という欲求を持つこと
（2）個人が、「何をどうやればよいか」理解していること
（3）個人が、「適切な雰囲気」で働いていること
（4）個人が、変化することで評価されること

　3つ目の条件にある「雰囲気」は、いってみれば「上司によってつくられる職場の雰囲気」のことです。カークパトリックは、図表9に示すように、「抑止的」「やる気をそぐ」「中立的」「奨励的」「要求的」という5種類があると考えました。この考えは、のちほど触れる「転移」とも関連し、ジェームス・カークパトリックとの共著『学習の転移』（原題 *Transferring Learning to Behavior.* Berrett-Koehler）で深掘りされていくことになります。

レベル4：成果

　最後の「レベル4：成果」は、組織が期待する典型的な成果指標を見ることです。例えば、生産性の向上、品質の向上、費用の低減、事故頻度の低減と重大事故の低減、売上の増大、離職率の低下、利益の増加があるとしています。これらの数字は、すでに測定されているものが多いため、それらの数字を「借りる」ことができるとしています [56]。

　この「レベル4：成果」の測定とは、具体的には、研修を実施することによって、売上や離職率といった数字に何らかの影響があったのかを

55.　Kirkpatrick, D. L. & Kirkpatrick, J. D. (2006) *Evaluating Training Programs.* Third edition. Berrett-Koehler. を参照。

56.　Kirkpatrick, J. D. & Kirkpatrick, W. K. (2009) *Kirkpatrick Then and Now: A Strong Foundation for the Future.* Kirkpatrick Publishing. を参照。

雰囲気の5段階	特　徴
抑止的 **Preventing**	学んできたことの活用を上司が禁止している
やる気をそぐ **Discouraging**	「やってはいけない」と直接的にはいわないが、 上司が快く思っていないことは確実に伝えられている
中立的 **Neutral**	研修を受けてきたという事実を上司が無視している 職務が今までどおりに完了するのであれば、何もいわない
奨励的 **Encouraging**	学んだ成果を職務に活用することを奨励している
要求的 **Requiring**	部下が何を学んできたかを上司は把握していて、 それを確実に仕事に転用させたいと思っている

出典：鈴木克明 (2015)『研修設計マニュアル：人材育成のためのインストラクショナルデザイン』北大路書房 内p.210で訳出された「Kirkpatrick, 1998」の表から引用

測ることをいいます。最近では、エンゲージメントサーベイなどの組織調査を定期的に実施している企業も少なくありません。そうした場合、管理職研修の成果を、その管理職が治める職場を対象とした組織調査データを用いて測定する、といったことが考えられます。

　以上、ドナルド・カークパトリックの「4レベル評価モデル」を説明してきました。「レベル1：反応」「レベル2：学習」は、研修・教室で評価が行われることが多く、一方、「レベル3：行動」「レベル4：成果」は、受講者が仕事の現場に戻ったあとに測定されることが多いものです。このモデルは、現在も、企業の研修評価でよく利用されています。

3.「4レベル評価モデル」が開いた研修評価研究の扉

　ドナルド・カークパトリックが提示した「4レベル評価モデル」は、

研修評価研究を開く大きな扉のようなものでした。理解しやすく、使いやすい、このフレームワークを用いて、のちの研究者たちは、さまざまな研修評価研究を実施していくことになるのです。ここでは、その中でも代表的な研究を概観していきましょう。

◉——「4レベル評価モデル」を用いた代表的な研究

まず注目したいのは、1952年以降の50年間に行われた民間企業での「マネジメント研修」に関する69の研究をメタ分析したパウウェルとヤルキンらの研究です。

パウウェルらは、カークパトリックの「4レベル評価モデル」に基づき、マネジメント研修の効果を「レベル2：学習」「レベル3：行動」「レベル4：成果」の観点から検証しました。その結果、マネジメント研修の効果は、「行動」「成果」よりも「学習」に対して大きいことが示されました。「レベル2：学習」は起こったが、「レベル3：行動」にはつながっていない。つまり、マネジャーは研修を通して、学習はしているが、学習した内容を現場では実践していないという結果だったのです[57]。

さて、上記のメタ分析では「レベル1：反応」に関する分析が含まれていません。その「レベル1：反応」に関する研究としてよく引用されるのが、アリガーらのメタ分析です。彼らは、「レベル1：反応」を「感情的（Affective）」と「実用的（Utility）」の2つに分けて、34の文献をメタ分析しました。ここで「感情的反応」とは、「この研修は楽しかったか」という顧客としての満足度であり、「実用的反応」とは、「この研修は仕事に役立つ内容であったか」という実用度や役立ち度です。

分析の結果、「感情的反応」より「実用的反応」のほうが、より「レ

---

57. Powell, K. S. & Yalcin, S. (2010) Managerial Training Effectiveness: A Meta-analysis 1952-2002. *Personnel Review*. Vol.39. pp.227-241. を参照。このメタ分析を通じて、彼らは、カークパトリックの4レベルを踏まえたマネジメント研修のほうが、そうでない研修よりも若干「学習」効果が高まるとし、「4レベル評価モデル」の意義を評価しています。

ベル2：学習」に関係していることが示されました。つまり、受講者の学習には、「楽しかった」という満足度よりも、「仕事に役立つ内容であった」という実用度や役立ち度のほうが大きな影響を与えているということです [58]。満足しても、学べていないのです。仕事に役立つと思われるものこそが、学ばれるのです。これは後述する「有用度」の評価に大きな影響を与えることになります。

　また、その約10年後に行われたシッツマンらのメタ分析も興味深い知見を提供してくれます [59]。それは、（1）研修直後の自己効力感は、研修後の行動を予測する変数として有望であること [60]、（2）研修直後の自己効力感は、研修のスタイルによって高めることができること、です。とても重要な点になりますので、「自己効力感」については改めて説明します。

　次に、カークパトリックの「4レベル評価モデル」のすべてのレベルをメタ分析で検証した研究者が、サックスとブルケの2人です [61]。彼らの分析で最も相関が高かった要因は、「レベル3：行動」と「レベル4：成果」でした。研修を受けたあとに現場で行動すれば（行動変容が起これば）、成果が出るという関係性です。

　つまり、レベル4の「成果」につながるのは、レベル3の「行動」なのです。これは非常に重要な点ですので、本書の中で何度か触れていきます。また、彼らは、「レベル3：行動」の評価を頻繁に行うことで、

58.　Alliger, G. M., Tannenbaum, S. I., Bennett, W. Jr., Traver, H., & Shotland, A. (1997) A Meta-analysis of the Relations Among Training Criteria. *Personnel Psychology.* Vol.50 pp.341-358. を参照。

59.　Sitzmann, T., Brown, K. G., Casper, W. J., Ely, K., & Zimmerman, R. D. (2008) A Review and Meta-analysis of the Nomological Network of Trainee Reactions. *Journal of Applied Psychology.* Vol.93 pp.280-295. を参照。

60.　例えば、Baldwin, T. T., Ford, J. K., & Blume, B. D. (2009) Transfer of training 1988-2008: An Updated Review and Agenda for Future Research. *International Review of Industrial and Organizational Psychology.* Vol.24 pp.41-70. や、Pineda-Herrero, P., Quesada-Pallares, C., & Ciraso-Cali, A. (2014) Evaluation of Training Transfer Factors: the FET Model. Schneider, K. (eds.), *Transfer of Learning in Organizations.* Springer. pp.121-144. を参照ください。

61.　サックスとブルケ（2012）は、特に研修評価と転移の関係を分析しました。（Saks, A. M. & Burke, L. A. (2012) An Investigation into the Relationship Between Training Evaluation and the Transfer of Training. *International Journal of Training and Development.* Vol.16 pp.118-127.）

現場での転移が増すことも明らかにしました。研修受講者に対して受講後に「行動変化」の度合いについて尋ねることが、現場での実践を促すことにつながるということです [62]。これは、第1章で触れた研修評価の「リマインド機能」です。

●―新カークパトリック・モデル

さて、この「レベル3：行動」の評価こそが、研修による「レベル2：学習」と、現場での「レベル4：成果」をつなぐミッシングリンク（失われた環）であると考えたのが、**ドナルド・カークパトリックの息子、ジェームス・カークパトリック**です [63]。**彼は「レベル3：行動」を研修が対応するべき対象と見定めました。**

ジェームス・カークパトリックは、銀行の人事担当を務めていたときに、TQM（トータル・クオリティ・マネジメント）の概念と手法を行内に広める研修を実施しました。その際に「レベル2：学習」から「レベル3：行動」に移す難しさを実感したそうです。そのときの失敗を糧に、その後、BSC（バランス・スコア・カード）の研修を実施した際には、「レベル2：学習」から「レベル3：行動」への転移がなされるよう、さまざまな工夫を行っています [64]。

62. ODA「トルコ国際防災教育プロジェクト」の追跡評価を行った米原は「行動変容を評価する過程そのものが、学習者の振り返りを促し、自己管理という強化を後押しする効果が期待できる」とし、「レベル3：行動」の評価を行うことが、実際の行動を促すことを、社会認知理論をもとに説明しています。（米原あき（2014）研修評価における「行動変容」への視点：「4レベルアプローチ」を手掛かりに. 国立教育政策研究所紀要 第143集 p.209-219.）
　　日本国内での研究でも、堤らが「レベル3測定を用いて、学習の職場活用を促進させるという逆転の発想で挑んだ教育効果測定プロジェクト」を実施しています。受講者がスキル発揮対象者として「稽古相手（大半が直属の上司）」を選び、その稽古相手と受講者本人に、レベル3測定を進めるという興味深い実践事例を報告しています。（堤宇一（編著）柳美里、木村覚、堤宇一、和田修一、早川勝夫（著）（2012）『教育効果測定の実践』日科技連出版社.）
63. Weber, E. (2014) *Turning Learning into Action: A Proven Methodology for Effective Transfer of Learning.* Kogan Page. を参照。
64. Kirkpatrick, D. L. & Kirkpatrick, J. D. (2005) *Transferring Learning to Behavior.* Berrett-Koehler. を参照。

レベル	名　称	内　　　容
4	**Results** **成果**	学習イベントとその後の定着によって、どの程度の結果が生み出されたのか （ROE: Return on Expectation　期待に対する成果）
3	**Behavior** **行動**	学習イベント中に学んだことを、受講者がどの程度、仕事に戻ったときに活用したか （Critical Behaviors　成果につながる重要な行動）
2	**Learning** **学習**	学習イベントに参加することで、受講者がどの程度、目標とされた知識、スキル、態度を獲得したか
1	**Reaction** **反応**	学習イベントに対して、受講者がどの程度、肯定的に反応したか

左側：逆転している　　右側：バックキャスティング

出典：Kirkpatrick Partners, LLC. 株式会社ウチダ人材開発センタ・株式会社スキルメイト（訳）(2015) Kirkpatrick Four Levels®
Evaluation Certificate Program.

　その後、銀行を退社したジェームス・カークパトリックは、妻のウェンディとともに「新カークパトリック・モデル」を提唱します[65]。

　彼らは、従来の「レベル1：反応→レベル2：学習→レベル3：行動→レベル4：成果」という流れを「旧モデル」とし、新モデルとして「レベル4：成果→レベル3：行動→レベル2：学習→レベル1：反応」という流れを提唱しました。これは、**求める成果（レベル4：成果）からバックキャスティング（ゴールから考えること）していき、「レベル3：行動」を明確にしていくこと**を狙ったものです（図表10参照）。

　ジェームス・カークパトリックは、まず「レベル1：反応」と「レベル2：学習」は「効果的な研修（Effective Training）」であるかを評価するものであり、「レベル3：行動」と「レベル4：成果」こそが「研修の効

65.　Kirkpatrick Partners, LLC. 株式会社ウチダ人材開発センタ・株式会社スキルメイト（訳）(2015) *Kirkpatrick Four Levels® Evaluation Certificate Program.* を参照。

果（Training Effectiveness）」として評価されるべきものであると主張しました。

　彼は、レベル4の成果は「ROE（Return On Expectation）：期待に対する成果」であり、ステークホルダーが研修に何を「期待しているのか」を事前に把握し合意しておくことが重要であると述べています [66]。このことからも、彼がレベル3の行動を最も重視していることが見て取れます。

　ステークホルダーが期待する最終的なゴールに向けて、内的・外的な先行指標（例：従業員満足度、顧客満足度）を設定します。そして、この先行指標につながるレベル3の行動を「重要な行動（Critical Behaviors）」として明確化し、その行動の現場実践を促進するために、研修内部でさまざまな支援がなされ、かつ、研修終了後には、それに対する説明責任を果たすことが重要であるとしたのです。

　新カークパトリック・モデルは、レベル4の成果から研修企画・設計を考え始めるという逆転の発想と、レベル3の「重要な行動」の現場実践を促進する環境要因にも目配りしている点が、旧モデルとの大きな違いです。

●─研修の「転移（Transfer）」

　ジェームス・カークパトリックと同じように、レベル3の「行動」の重要性に着目したのが、ヨーロッパの研究者リムとノウェルです [67]。彼らは、「レベル1：反応」「レベル2：学習」と「レベル4：成果」をつなぐのが「レベル3：行動」であるとし、ここに「研修転移（Transfer）」

66. Kirkpatrick, D. L. & Kirkpatrick, J. D. (2005) *Transferring Learning to Behavior.* Berrett-Koehler. と、Kirkpatrick, J. D. & Kirkpatrick, W. K. (2009) *Kirkpatrick Then and Now: A Strong Foundation for the Future.* Kirkpatrick Publishing. を参照。
67. Lim, D. H. & Nowell, B. (2014) Integration for Training Transfer: Learning, Knowledge, Organizational Culture, and Technology. Schneider, K. (eds.), *Transfer of Learning in Organizations.* Springer. pp.81-98. を参照。

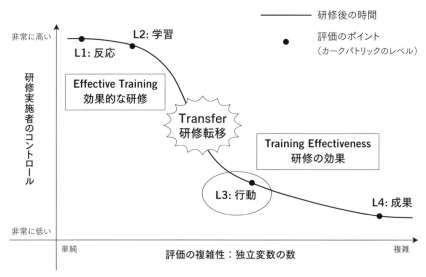

出典：Lim, D. H. & Nowell, B. (2014) Integration for Training Transfer: Learning, Knowledge, Organizational Culture, and Technology. Schneider, K. (eds.), *Transfer of Learning in Organizations.* Springer. P.83の図をもとに作成

[68] が関係すると考えました。

　図表11をご覧ください。縦軸は「研修実施者のコントロール」を、横軸は「評価の複雑性：独立変数の数」を示しています。リムとノウェルは、最も単純な研修評価である「レベル1：反応」「レベル2：学習」と、多くの説明変数が存在し、最も複雑な状況となる現場での「レベル4：成果」の間をつなぐのが、「レベル3：行動」であり、この現場での行動こそが、「研修転移」であると考えたのです [69]。

◉──ここまでのポイント

　改めてここまでをまとめましょう。カークパトリックが提唱した「4

68.　研修転移とは、「研修で学んだことが、仕事の現場で一般化され役立てられ、かつその効果が持続されること」を指します。（中原淳・島村公俊・鈴木英智佳・関根雅泰（2018）『研修開発入門「研修転移」の理論と実践』ダイヤモンド社.）
69.　研修転移の詳細は、中原淳・島村公俊・鈴木英智佳・関根雅泰（2018）『研修開発入門「研修転移」の理論と実践』ダイヤモンド社. を参照ください。

レベル評価モデル」は、その後の研修評価の研究者が利用するフレームワークとなり、さまざまな知見を生み出しました。それらの研究からわかることは、要約すれば、下記の3点です。

（1）レベル4の成果を生み出すのは、レベル3の行動を導けたときである
（2）レベル3の行動に関係しているのは、研修直後の自己効力感である
（3）レベル2の学習やレベル3の行動を、研修直後の満足度は予測しない

　後述しますが、こうした知見がブリコラージュされ（組み合わされ）、本書で主張する「混合評価」の輪郭が形づくられることになります。

　筆者らが採用する「アカデミックなルーツに根ざす」という姿勢は、アカデミックを軽視することでは断じてありません。組織の目的や現場の状況に目配りしたうえで、むしろ、研究者たちが切り拓いてきたアカデミックな知見、すなわち「巨人の肩の上」に乗り、経営や現場にインパクトをもたらすことが重要と考えます。

4.「4レベル評価モデル」に対する批判

　このように、多くの研修評価研究の分析的枠組みとして使われてきたカークパトリックの「4レベル評価モデル」ですが、その一方で多くの批判にもさらされています。その多くが、このモデルが前提としている「因果関係」や「階層性」に対する疑問です。

　そもそもドナルド・カークパトリックは、1959年の発表当時はこのモデルを「ステップ」（一つずつが関連していない）と表記していた[70]のですが、1994年の書籍では「レベル」（因果関係を持つ）に変更してい

70.　Kirkpatrick, J. D. & Kirkpatrick, W. K. (2009) *Kirkpatrick Then and Now: A Strong Foundation for the Future.* Kirkpatrick Publishing. 内「4つの記事」を参照。

ます。つまり「研修」が「反応」につながり、「反応」が「学習」につながり、「学習」が「行動」につながり、「行動」が「成果」につながると提示したのです。しかし、この因果関係は実証されていないと断じる研究者たちもいます [71]。

　例えば、「4レベル評価モデル」は理論というより分類と考えたほうがふさわしいと断じた [72] 研究者のホルトンは、学術研究に耐えうるモデルとして「概念的評価モデル」を提示しました [73]。このモデルにおいては、研修による結果を「学習」「個人のパフォーマンス」「組織成果」の3つとし、「レベル1：反応」を研修の結果から外しています。

　また、「受講者の反応」を、学習の主要な目標とすべきなのかという議論もある [74] 中で、カークパトリックのモデルにより、「いかに受講者が楽しみ、満足するような研修を設計し運営するか」という満足度が過剰に重視されるようになった、と批判する研究者たちもいます[75][76]。

　さらなる批判として、「4レベル評価モデル」には、受講者のレディネ

71.　Holton, E. F. III (1996) The Flawed Four-level Evaluation Model. *Human Resource Development* Quarterly. Vol.7 pp.5-21. と、Donovan, P. (2014) The Measurement of Transfer Using Return on Investment. Schneider, K. (eds.), *Transfer of Learning in Organizations*. Springer. pp.145-168. と、Sitzmann, T. & Weinhardt, J. (2015) A Comprehensive Analysis of the Indicators of Training Effectiveness. *Academy of Management Annual Meeting*. を参照。特に、Holton（1996）は、「4レベル」を「flawed model（欠陥モデル）」とし、厳しく批判しています。

72.　カークパトリック自身は、こうした批判を気にせず「モデルでも分類でもどちらでもよい。研修の評価に使えれば」と考えているようです。（Tamkin, P., Yarnall, J. Kerrin, M. (2002) *Kirkpatrick and Beyond: A Review of Models of Training Evaluation*. Employment-studies.co.uk）

73.　Holton, E. F. III (1996) The Flawed Four-level Evaluation Model. *Human Resource Development Quarterly*. Vol.7 pp.5-21. を参照。

74.　同上。

75.　Sitzmann, T. & Weinhardt, J. (2015) A Comprehensive Analysis of the Indicators of Training Effectiveness. *Academy of Management Annual Meeting*. を参照。

76.　2015年10月に、ドナルドの息子、ジェームス・カークパトリックが来日して開催された「4段階評価法セミナー（ウチダ人材開発センタ主催）」に、筆者の一人（関根）が参加しました。
　　その際に「レベル1反応は、学習と関係がないとする研究もあるが、それについてはどう考えますか？」と質問したところ、ジェームスからは「それでもレベル1反応を観察することは大事」とのコメントを得ました。レベル1反応については、特に研修「中」に講師が観察することが大事で、それにより研修内容や進行を調整する役割を果たすとのことでした。
　　レベル1反応を、「研修による結果」としてではなく、「研修中の参加者状態の判断」として位置づけるのは、実際に参加者の前で講師を務め、参加者の反応によって内容や進行を調整している筆者にとっては納得いくものでした。

ス（学習のために必要な心身の準備状態）、意欲、研修デザイン、個人特性、仕事とのつながりといった複数の学習要素が含まれていないことや、最近の転移研究でいわれているような職場の雰囲気や転移の仕組みといった観点が反映されていないといった指摘があります [77]。

また、「4レベル評価モデル」では、「レベル1：反応」と「レベル2：学習」は分析単位が「個人」であるのに対して、「レベル3：行動」と「レベル4：成果」は個人だけでなく「組織」の変数が含まれているという批判もあります [78]。

これらの「カークパトリックの4レベル評価モデル」に対する批判 [79] の中で、**筆者なりに最もクリティカルなポイントを挙げるとしたら「レベル1の満足度は、他のレベルと関係しない」という点です。だからこそ、本書では、研修直後アンケートにおいて「満足度」を尋ねてきた、従来の研修評価のあり方に疑問を呈しているのです。本書で主張する混合評価は、そのことを加味した評価法として構成してあります。**

5.「4レベル評価モデル」のアップデート

カークパトリックの提示したフレームワークが嚆矢となり、研修評価研究は大きく発展していきます。その研究の中には、前述したホルトンのように、カークパトリックのモデルを修正したり、全く違うモデルを提示したりする研究者や実務家が現れました。参考までに、他にどのようなモデルがあるのか、図表12に一覧を提示します。

---

77. Donovan, P. (2014) The Measurement of Transfer Using Return on Investment. Schneider, K. (eds.), *Transfer of Learning in Organizations.* Springer. pp.145-168. を参照。
78. 同上。
79. このように批判も多く、代替モデルも複数提示された「カークパトリックの4レベル評価モデル」ですが、そのシンプルさと使いやすさから、実務家のみならず、研究者の多くが、このモデルを活用しています。息子のジェームス・カークパトリック曰く、「わかりにくい評価という単語を、4つの実践的な言葉：反応、学習、行動、成果に、ブレークダウンしたのが父の功績。そのシンプルさが、よく使われるモデルとなった理由だろう」とのことです。

	主要文献	レベル0	レベル1	レベル2	レベル3	レベル4	レベル5
カークパトリック	Kirkpatrick (1959,1994)		反応	学習	行動	成果	
ハンブリン	Hamblin (1974)		反応	学習	職務行動	組織	最終価値
OEM (Organization Element Model)	Kaufman, Keller, & Watkins (1995)		インプット プロセス	ミクロな獲得 (学習)	ミクロな パフォーマンス	マクロ	メガな社会的 結果
インディアナ大学	Molenda, Pershing, & Reigheluth (1996)	活動説明	反応	学習	学習転移	ビジネス インパクト	社会 インパクト
ISモデル	Industrial Society (2000)	ビジネスニーズ分析、開発目標の定義、学習プロセスの設計	学習プロセスの経験	学習の使用と強化		組織便益の判断	
フィリップス ROIモデル	Phillips (1994)		反応と 行動計画	学習	職務適用	ビジネス リザルト	ROI
KPMTモデル	Kearns & Miller (1997)	ビジネスニーズの確認、解決策の設計	研修開発への反応	学習	職場、行動への転移	純利益への付加価値	
CIRO	Warr, Bird, & Rackham (1970)	状況分析	反応	直後の結果	中間の結果	最終の結果	

出典：Tamkin, P., Yarnall, J. Kerrin, M. (2002) *Kirkpatrick and Beyond: A Review of Models of Training Evaluation.* Employment-studies.co.uk. 表2を筆者が抜粋要約

●—ジャック・フィリップスの「ROIモデル」

　このようにカークパトリックは研修評価の礎を築きました。次に取り上げたいのが、研究評価研究の2人目のレジェンド、ジャック・フィリップスの「ROIモデル」です（図表13）。フィリップスは、カークパトリックの「レベル4：成果」には、ROI（Return On Investment：投資対効果）が含まれていないと考え、新たに「レベル5：ROI」を追加しました。

　このモデルの「レベル5：ROI」で、ROIを算出するための流れが、図表14に提示する「ROIプロセスモデル」です。

　ROIとは、研修における投資対効果のことで、研修にかかった費用に対して組織にもたらされた便益の割合を指します。まずは、必要なデータを収集したうえで「研修効果の識別」を行います。「レベル4：成果」に対して、本当に研修が影響を及ぼしたのかどうかを検討するのです。

　フィリップスは、「トレーニングの効果を識別するのに役立つ10の方法」として次の手法を提示しています。詳細は、日本語訳されたフィリップスの著書[80]を参照ください。

（1）統制群の使用
（2）傾向線分析
（3）予測手法
（4）参加者による算定
（5）上司による算定
（6）経営職による算定
（7）顧客からのインプット
（8）専門家による算定

---

80. フィリップス, J.（著）渡辺直登・外島裕（監訳）（1999）『教育研修効果測定ハンドブック』日本能率協会マネジメントセンター.

図表13 | ジャック・フィリップスの「5レベルROIモデル」

レベル	名　称	要　旨
1	Reaction Action plan 反応	プログラム参加者の反応を測定し、実施に対する具体的な計画を大まかに描く
2	Learning 学習	スキル、知識、態度の変容を測定する
3	Job Application 職務適用	実際の職務における行動の変化とトレーニング課題の具体的場面での応用を測定する
4	Business Results 事業成果	プログラムのビジネス上への影響を測定する
5	ROI 投資対効果	プログラムの成果とプログラムのコストの金銭的価値を測定する。通常、比率によって表される

出典：フィリップス, J.（著）渡辺直登・外島裕（監訳）(1999)『教育研修効果測定ハンドブック』日本能率協会マネジメントセンター.

図表14 | ROIプロセスモデル

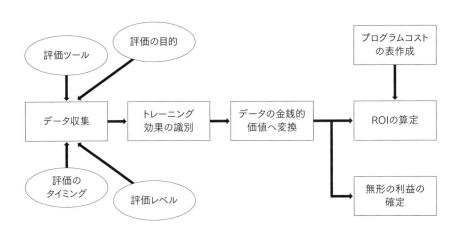

出典：フィリップス, J.（著）渡辺直登・外島裕（監訳）(1999)『教育研修効果測定ハンドブック』日本能率協会マネジメントセンター.

　例えば、1つ目の「統制群の使用」に関しては、採用直後の従業員20人を2つのグループに分けて、10人は「2週間の研修」を受講し、残り10人は「職場OJTのみ」とし、その結果を比較した事例を取り上げています[81]。

　こうして研修効果を識別したうえで、研修のベネフィットとコストを金銭計算していきます。そもそもROIの算出においては次の2つの前提があります[82]。

（1）ビジネス指標は、金銭的価値に置き換えることができる

（2）研修全体の総費用[83]を確定することができる

81.　ジャック・フィリップス自身も、統制群を活用するプロセスには問題がいくつもあるとしています。（1）どうグループを選定するのか、（2）グループ間で影響し合うこともある、（3）グループが違う場所にいるとき、その環境の影響を受ける可能性もある、（4）調査主義的に捉えられる。経営職は特定のグループが研修を実施しないでいることを望まない。

　　そのため、初めから意識的に2つのグループに分けるのではなく、結果として、最初に研修に参加した人たちを実験群、後から参加する人たちを統制群に設定するやり方もあることを提言しています。（フィリップス, J.（著）渡辺直登・外島裕（監訳）（1999）『教育研修効果測定ハンドブック』日本能率協会マネジメントセンター.）

82.　マケイン, D.（著）霜山元（訳）（2013）『研修効果測定の基本：エバリュエーションの詳細マニュアル』ASTDグローバルベーシックシリーズ. ヒューマンバリュー. を参照。

83.　研修全体の費用としては、以下が考えられます。

・研修の設計、開発費用、および維持費

・参加者に配布される教材のコスト

・準備時間と実施時間も含めたインストラクターのコスト

・研修に必要な設備コスト

・旅費、宿泊費、食費などのコスト

・参加者が研修に参加する場合に必要な給与プラス手当のコスト

・管理費および間接費用

（フィリップス, J.（著）渡辺直登・外島裕（監訳）（1999）『教育研修効果測定ハンドブック』日本能率協会マネジメントセンター. より）

84.　Phillips, J. (2003) *Return on Investment in Training and Performance Improvement Programs*. 2nd edition. Routledge. を参照。

そのうえで、次の式で、ROIを計算していきます [84]。

$$\text{ROI}\,(\%) = \text{Net Program Benefits} \diagup \text{Program Costs} \times 100$$
$$\text{ROI}\,(\%) = 研修の便益－研修のコスト\diagup 研修のコスト \times 100$$

●─ROIモデルの課題

　さて、前述の式だけを見ると、単純に見えますが、ROIの計算は簡単ではありません。まず、研修の便益をどうやって算出するのか [85]、研修による効果を他の要因からどのように分離させるのかといった技術的な問題 [86] や、このROIを出すためにかかる人的・時間的・費用的コストをどう正当化するのか [87] 等、越えるべきハードルがいくつもあります。さらに、せっかく算出した値であっても、経営陣は「人材開発においてROIを知りたいとは思わないケースが多い」という論もあります [88]。そのため、発表から30年以上が経っているにもかかわらず、実際にROIまで算出している研修プログラムはきわめて少ないのです（次ページの図表15参照）[89]。

85.　グリフィン（2014）は「研修の便益のすべてを、金銭的価値に転換することはできない」と断じています。（Griffin, R. (2014) *Complete Training Evaluation.* Kogan Page.）
86.　ジャック・フィリップス自身は、研修の効果を分離させるためのテクニックはあるが、この問題については、今も議論が続いていると説明しています。システム思考の観点から、分離できないとする研究者もいます。（Brinkerhoff, R. O. and Dressler, D. (2002) Using Evaluation to Build Organizational Performance and Learning Capability: A Strategy and a Method. *Performance Improvement.* Volume 41.pp14-21.）
　　フィリップスは、仮に、分離が難しいとしても「どのぐらいの向上が、研修によって引き起こされたのか？」という問いには向き合うべきであると主張しています。（Phillips, J. (2003) *Return on Investment in Training and Performance Improvement Programs.* 2nd edition. Routledge.）
87.　グリフィン（2014）は、ROIの算出は、かなりの専門性を必要とし、より多くのリソース（時間とお金）を必要とすると述べています。（Griffin, R.（2014）*Complete Training Evaluation.* Kogan Page.）
88.　ポロックら（2015）は「学習施策のROIまで求めない経営者もいるため、スポンサーとの合意が必要」としています。（Pollock, R., Jefferson, A. & Wick, C. (2015) *The Six Disciplines of Breakthrough Learning: How to Turn Training and Development into Business Results. Pfeiffer*）
　　クレイガーとサーフェス（2017）は、そもそも人材開発における「ROIを経営陣が見たがっているというのは神話である」と断じています。（Kraiger, K & Surface, E. A. (2017) Beyond Levels: Building Value Using Learning and Development Data. https://trainingindustry.com/magazine/nov-dec-2017/beyond-levels-building-value-using-learning-and-development-data/ (accessed 23 January 2022)
89.　筆者（関根）も「ROIの算出」を行ったことはありません。

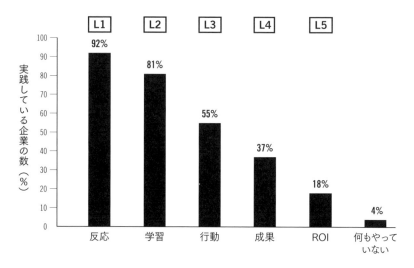

704人の参加者を対象に調査（ASTD 2010）

出典：Noe, R. A. (2013) *Employee Training and Development.* Sixth Edition. McGraw-Hill. のグラフを転載

　ジャック・フィリップスの「5レベルROIモデル」は鳴り物入りで1990年代に登場しました。研修の効果を、誰の目にも明らかに金銭的価値で表現できることに魅了された人は、少なくありませんでした。

　しかし、結論からいうと、実際にはあまりこのモデルが実践されることはありませんでした。（1）研修のROIを示すために、研修で儲かった額面を算出することに技術的困難があったこと、また、（2）仮に算出できたとしても、経営者がそれを評価するとは限らなかったことが、その理由だと思います。研修のROIを示そうとするのは、「労多くして益少なし」ともいえるかもしれません。

◉——ここまでのポイント

　さて、本章では「研修評価研究を概観する」ということで、研修評価の歴史的経緯を「カークパトリックの4レベル評価モデル」の誕生から、そのモデルを活用した先行研究およびモデルへの批判、そして代替モデ

ルの一つとして「フィリップスの5レベルROIモデル」を見てきました。その結果、次の3点が見えてきたと思います。

（1）レベル1の「満足度」は、他のレベルと関係しない
（2）レベル4の「成果」につながるのは、レベル3の「行動」である
（3）レベル5の「ROI」を測定するのは、労多くして益少なしである

　まず1つ目のポイントに関して、「満足度」は、他のレベル（学習、行動、成果）と関係しないため、現場での行動（転移）を目標とした場合、研修直後アンケートで「満足度」を測定する必要はないといえます。満足度が高かったとしても、現場での行動（転移）が促されるわけではないからです。本書の第3章・第4章では、満足度に代わる項目を紹介していきます。

　では、なぜ「現場での行動（転移）」を目標とすべきなのか。それは、2つ目のポイントで見られるように、現場での行動（レベル3）が、成果（レベル4）につながるからです。研修受講者が現場で行動してくれないと、成果にはつながらない。だからこそ、現場での行動（転移）を促すべきなのです。そのための手段として研修評価をいかに活用していくのかについて、次章以降で見ていきます。

　最後に、3つ目のポイントに関して、「ROIの測定」や、第1章およびこの後のコラムで紹介している「実験モデル」は、「労多くして益少なし」であるため、企業研修評価においてはあまり実践されません。実験モデルに代わる研修評価の方法論を、続く第3章・第4章で提示していきます。

まとめ

第2章では、これまでの研修評価研究を概観してきました。初めに「カークパトリックの4レベル評価モデル」を取り上げ、関連する先行研究についても紹介しました。加えて、このモデルに対する批判とそこで提示された新たなモデルとして「フィリップスの5レベルROIモデル」を解説しました。

1. 研修評価で最もよく使われているモデル

・一般的なのは「カークパトリックの4レベル評価モデル」である
・研修評価を「レベル1：反応」「レベル2：学習」「レベル3：行動」「レベル4：成果」の4レベルに整理したフレームワークである

2. 研修評価に関する先行研究で明らかになったこと

・レベル1の「満足度」は、他のレベルには関係しない
・レベル4の「成果」につながるのは、レベル3の「行動」である
・研修効果として「ROI」を測定するのは、労多くして益少なし

CHECK POINT!!

本章での学びを現場での実践につなげるために、次の点をチェックしてみましょう。

□ 自社では、どのように研修評価を行っていますか？

□ 研修直後アンケートでは、どんな項目を訊いていますか？

□ 仮に、研修直後アンケートで「満足度」を測定しないとしたら、どんな不具合が発生するでしょうか？

実験モデルは、企業研修評価に必要なのか？

◉─厳密な研修評価：実験モデル

研修評価をより厳密に行おうとするときに使われるのが「実験モデル（実験計画法）」です。「研修」という介入のあるなしで、事前と事後に変化があったのかを見ます。基本的には、以下のような組み立てになります。

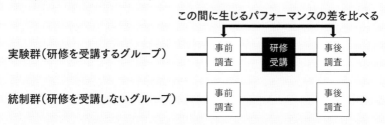

この間に生じるパフォーマンスの差を比べる

実験群（研修を受講するグループ）　事前調査　研修受講　事後調査

統制群（研修を受講しないグループ）　事前調査　　　　事後調査

ただ、これはあくまで「準実験」と呼ばれるものです。本当に介入（研修）の効果を測定したければ、実験群と統制群に割り当てられる人々の間に「等質性」が確保されていなければなりません（2つの群のそれぞれの人々が、同じような素質・能力を持っていると仮定されなければなりません）。そのためには「ランダムアサインメント（無作為配置）」が必要になります [90]。

「ランダムアサインメント」とは、地域、性別、学歴、経験年数、

---

90. 実験デザインと、準実験デザインの違いは、それぞれの群分けを行う際に、「無作為配置（Random Assignment）が行われるか否か」です。（安田節之・渡辺直登（2008）『プログラム評価研究の方法』新曜社.より）

職種等によって、「〜が違うから、こういう結果になった」といわれないよう、対象をそれぞれの群にランダムに割り当てる（アサインする）ことです[91]。

　例えば、「営業研修」の効果を測定したい場合に、実験群には「ベテラン営業」が多く、統制群には「新人営業」が多いとき、営業研修を受けたベテラン営業の売上が上がったとしても、それは研修の効果ではなく、経験年数の差なのではないかと見られてしまいます。だからこそ、ベテランも新人もランダムに、営業研修を受けさせるのが「ランダムアサインメント」になります。

●─実験モデルに対する批判

　しかし、この実験モデルには、いくつかの批判があります[92]。特に、企業内における研修評価の場合は、そのフィージビリティ

91.　RCT（Randomized Controlled Trial：ランダム化比較試験）と呼ばれ、元々は医学の分野で効果測定に用いられてきた分析手法です。近年、社会科学の分野で用いられるようになってきており、開発経済学者たちも利用しています。（デュフロ, E., グレナスター, R., クレーマー, M.（著）小林庸平（監修, 翻訳）（2019）『政策評価のための因果関係の見つけ方：ランダム化比較試験入門』日本評論社.）
　　RCTのさまざまな事例を取り上げているリー（2020）も「開発経済学ほど、政策に対するRCTの活用が急速に伸びている分野は、ほかにないかもしれない」と述べています。（アンドリュー・リー（著）上原裕美子（訳）（2020）『RCT大全：ランダム化比較試験は世界をどう変えたのか』みすず書房. より）

92.　実験モデルに対する批判の核は、「内的妥当性（因果関係）に執着すること」と、なぜそうなるのかというメカニズム（機構）が「ブラックボックス」になっていることです。（Pawson, R. & Tilley, N. (1997) *Realistic Evaluation.* SAGE Publications Ltd.）ちなみに「外的妥当性」は、その結果が、他にも適用可能なのかという「一般化可能性」のことを指します。（佐々木亮（2020）『評価論理：評価学の基礎』eBook版. 多賀出版.）
　　さらに、評価するという行為そのものが「実験群」と「統制群」に影響を及ぼす可能性もあります。実験群は、注目されることで、普段と違う行動をとったり（ホーソン効果）、統制群は選ばれなかったことで手抜きをしたりする（ジョン・ヘンリー効果）恐れがあるのです。（デュフロ, E., グレナスター, R., クレーマー, M.（著）小林庸平（監修, 翻訳）（2019）『政策評価のための因果関係の見つけ方：ランダム化比較試験入門』日本評論社.）
　　ROI分析で、研修の効果を分離させようとしたJ.フィリップスさえも、実験モデルに対しては、複数の問題があると述べています。（フィリップス, J.（著）渡辺直登・外島裕（監訳）（1999）『教育研修効果測定ハンドブック』日本能率協会マネジメントセンター.）

（実現可能性）が問題になるのです。

　研修の場合、対象が絞られていたほうが、的を射た研修設計となるため、ランダムに参加者を割り振ることは、現実的ではありません。例えば、新人営業向けの営業研修に、ベテラン営業が混ざっていたとしたら、新人からするとベテランの経験を共有できて役に立つかもしれませんが、ベテランには物足りない研修となるかもしれません。

　また、ある対象者には、研修を受けさせて（実験群）、別の人たちには受けさせない(統制群)というのも、やりづらいでしょう。「良い研修なら、なぜ全員に受けさせないんだ」という文句が、ステークホルダーから上がるかもしれません。仮に地域で分けて、東京の人たちが研修を受けて（実験群）、大阪の人たちが研修を受けなかった（統制群）としても、研修の効果というより、地域性の違いと見られる可能性が高いでしょう。

　実際、私たちが実験モデルを活用できるとすれば、準実験としての「事前・事後評価」ぐらいかもしれません。この「事前・事後評価」に関しては、のちほど第5章で一例を紹介します。

◉─企業研修評価に実験モデルは必要ない

　さて、「そもそも企業研修評価に、実験モデルは必要なのか？」という問いに対して、私たちは「経営・現場へのインパクトが少ないので、必要ない」というスタンスをとります。ここでは、その理由を2つ述べます。

　まず、実験モデルが主に使われている政策評価やプログラム評価においては、税金を使っての施策展開 [93] ということで、関わるステークホルダー（利害関係者）が非常に多くなります [94]。例

えば、学校教育への施策であれば、関わるステークホルダーは、納税者、政治家、行政担当、学校長、教員、保護者、子供たちと多様です [95]。そこには公共性の問題も関わってくるため、各方面からさまざまな突っ込みが入ることでしょう。だからこそ、厳密な実験モデルとしての「RCT：ランダム化比較試験」を使い、施策の効果を明示しようとするのです。

それに対して、企業研修の場合、説得すべきステークホルダーは、極論すれば「経営層」のみです。彼らが納得するのであれば、別に実験モデルで厳密な効果を示さなくてもよいのです。**経営層が納得して、正しい意思決定を行えるように結果を提示する必要があるという意味で、本書では「数字（定量データ）と物語（定性データ）を混合させること」を提唱しています。**

次に、実験モデルを行う労力 [96] に対して、実入りが少なすぎるという問題です。**対象者をランダムに配置し、実験群・統制群をつくり、施策の効果を測ったとしても、得られる結果は「続けるか、やめるか」という選択肢のみになります。**それだけの判断を行うのに、わざわざ企業の中で実験モデルを組み立てる必要はない、と私たちは考えます。もし、その分の手が空くならば、他の人材開発施策を動かし、経営・現場にインパクトをもたらすこ

---

93. 政策（Policy）に基づいて施策（Program）が形成され、施策は多数の個別事業（Project)によって成り立っています。（龍慶昭・佐々木亮（2020）『政策評価の理論と技法』eBook版. 多賀出版.)
94. 例えば、安田（2011）は、プログラムの利害関係者として、利用者、実践家、運営者、資金提供者、実施地域、評価者という6者を挙げています。（安田節之（2011）『プログラム評価』新曜社.)
95. 田中耕治（編）（2021）『よくわかる教育評価』第3版. ミネルヴァ書房. を参照。
96. 龍・佐々木（2020）は、RCTを行う際の制約として、（1）社会要因による影響の除去が難しい、（2）実施コストが高い、時間がかかる、（3）倫理的制約を敏感に考慮する必要ありといった点を挙げています。（龍慶昭・佐々木亮（2020）『政策評価の理論と技法』eBook版. 多賀出版.)

とを優先したほうがいいと思います。

◉─「巨人の肩に乗る」という姿勢

　だからといって、実験モデルに意味がないのかといえば、そんなことは断じてありません。例えば、外部研修ベンダーやコンサルタントの立場で、研修プログラムをパッケージ商品として売りたいなら、より厳密な方法で効果を実証することも一計でしょう。「この研修プログラムを実施した実験群には、こういう効果が出ていまして……」ということをはっきり主張できるからです。

　また、アカデミックな研究者たちが、より厳密かつ緻密な理論を、実践を通してつくり上げていくことは、さらに推進していってほしいものです。

　さまざまな先行研究によって、効果が実証されている施策があるのであれば、それを参考に自社の研修施策に盛り込むことはできます。例えば、教育基金財団が教師に対して無料で公開している「ツールキット」では、RCTやメタ分析等で効果が実証された教育手法を「かかるコスト」「証拠としての強さ」「効果の持続性」という観点からランク付けしています[97]。一例を挙げると、「フィードバック」という手法は、コストも安く、実証研究の結果としても厳密で、かつ効果が持続するとされています[98]。こういった効果が実証されている手法を、自社の研修施策にうまく盛り込んでいくのです。

97.　教育基金財団のウェブサイト内「Teaching and Learning Toolkit」を参照。
　　https://educationendowmentfoundation.org.uk/
　　　あくまで子供に対する教育手法が中心ですが、大人向けの研修手法にも適用できます。
98.　デュフロ, E. グレナスター, R. クレーマー, M.（著）小林庸平（監修, 翻訳）(2019)『政策評価のための因果関係の見つけ方：ランダム化比較試験入門』日本評論社. を参照。

実験モデルは、自分でやらずに専門の研究機関に任せ、実務を取り仕切る人々は、彼・彼女らの知見を尊重し、実践に役立てていく。それが、企業研修における実験モデルとの向き合い方だと、私たちは考えています。そのためにも私たちには、こういった先行研究を学び「巨人の肩に乗る」[99] という謙虚さが求められるのかもしれません。

　くどいようですが、私たちは「アカデミックな研究」を否定しているわけではありません。むしろ「アカデミックな研究」をリスペクトしています。私たちが主張しているのは、企業の中で、それに近いことを行うことは、実際のところかなり難しい、ということに尽きます。企業においては、**アカデミックにルーツを持つさまざまな手法をブリコラージュ（組み合わせ）して、企業の実情に合った、経営・現場にインパクトを与えうる研修評価を行うべきであると考えています。**

　恥知らずのプラグマティスト（実用主義者）であれ！
　これが筆者たちのとる「知的スタンス」です。

99.　評価研究における「哲学の父」（龍慶昭・佐々木亮（2020）『政策評価の理論と技法』eBook版. 多賀出版.）と呼ばれるスクリヴェン（Scriven, M.（1966）*The Methodology of Evaluation.* Social Science Education Consortium. Publication 110.）も引用している研究者たちの合言葉。論文を検索するGoogle Scholarの検索窓にも書いてある言葉です。

第3章

これからの研修評価の考え方

　第3章の目的は、これからの研修評価として筆者らが提案する「混合評価」の方向性を知ることです。既述したとおり、混合評価とは、①定量データと定性データ、②研修直後データと研修転移データ、を混合させた実践的な評価手法です。本章では、混合評価について、具体的に何を行っていけばよいのかを考察していきます。

　すでに申し上げたとおり、混合評価とは、私たちのオリジナルではなく、アカデミックな知見をブリコラージュさせた（組み合わせた）方法論です。混合評価のフレームワークとして採用されているのはジェームス・カークパトリックの「新モデル」であり、この枠組みの上に、ロバート・ブリンカーホフの「サクセスケース・メソッド」という手法や、近年の研修評価研究の知見が積み重ねられています。これらの手法や知見については、本章でも引きつづき詳しく解説していきます。

1. 混合評価を支えるデータ

　まず、私たちが本書で提示する「混合評価」のフレームワークには、ジェームス・カークパトリックの「新モデル」があります。すなわち、「レベル4：成果」からバックキャスティングして、「レベル3：行動」「レベル2：学習」「レベル1：反応」の測定項目を決めます。とりわけ、レベル3の行動に関しては、レベル4の成果を導くものとして最優先することはいうまでもありません。

　ここでは、次ページの図表16に提示した4つのステップに従い、混合評価において私たちがなすべきこと、そして、取得すべきデータが何かを見ていきましょう。

```
┌─────────────────────────────────────────┐
│ ①成果(レベル4)につながる行動(レベル3)の明確化 │
└─────────────────────────────────────────┘
                    ▼
┌─────────────────────────────────────────┐
│ ②行動(レベル3)の測定                        │
└─────────────────────────────────────────┘
                    ▼
┌─────────────────────────────────────────┐
│ ③学習目標(レベル2)の設定                    │
└─────────────────────────────────────────┘
                    ▼
┌─────────────────────────────────────────┐
│ ④関連度・有用度・自己効力感(レベル1)の評価   │
└─────────────────────────────────────────┘
```

以下、これらについて順に見ていくことにしましょう。

ステップ① 成果（レベル4）につながる行動（レベル3）の明確化

```
■①成果(レベル4)につながる行動(レベル3)の明確化
┌─────────────────────────────┐
│ ②行動(レベル3)の測定            │
└─────────────────────────────┘
        ▼
┌─────────────────────────────┐
│ ③学習目標(レベル2)の設定        │
└─────────────────────────────┘
        ▼
┌─────────────────────────────┐
│ ④関連度・有用度・自己効力感(レベル1)の評価 │
└─────────────────────────────┘
```

「最後を最初に」[100] というジェームス・カークパトリックの助言のとおり、まず研修にあたっては「レベル4：成果」の具体化と、成果につながる「レベル3：行動」の明確化を行うことが必要です。

それでは、この「レベル3：行動」の明確化にあたって、私たちは何を参考にすればいいのでしょうか。

ここではまず、ジェームス・カークパトリックの「ROE：期待に対するリターン」と「Critical Behaviors：重要な行動」、そして、ロバート・

---

100. Kirkpatrick, J. D. & Kirkpatrick, W. K. (2009) *Kirkpatrick Then and Now: A Strong Foundation for the Future.* Kirkpatrick Publishing. を参照。

ブリンカーホフの「インパクトマップ」という3つの重要なコンセプトを紹介します。

◉─ステークホルダーの期待を握る

銀行での人事担当時代に、役員とのやりとりが多かったジェームス・カークパトリックは、研修企画段階で、経営層と話すことの重要性を強調しています [101]。彼はそれを「ROE（Return On Expectation）：期待に対するリターン」と呼び、重要なステークホルダーである経営陣が「研修に何を期待しているのか」を明確にすべきだと主張しました。そのために、彼は経営層に対して、次の3つの質問をすることを勧めています。

「（研修を行って）どうなれば成功といえますか？」
「（成功というためには）どんな証拠が必要ですか？」
「どうすれば成功したかどうかを測れるでしょうか？」

これらの問いに明確に答えられる経営層もいれば、そうでない経営層もいるでしょう。こうした「レベル4：成果」について、ステークホルダーは、まだ考えていなかったり、非現実的な期待を持っていたりします。そこを、**対話を通して明確にし**、彼らが「研修に期待していることは何か」を言語化していくのです。

ジェームス・カークパトリックは、ステークホルダーを「陪審員」と呼び、彼ら自身が「期待を定義する」ことが重要だと述べています [102]。よくいわれるように、「**イメージできないものは、ゴールできない**」「**イメージできないものは、マネージできない**」のです。イメージすらでき

101.　Kirkpatrick, D. L. & Kirkpatrick, J. D. (2005) *Transferring Learning to Behavior*. Berrett-Koehler. を参照。同じように、グリフィン（2014）も、ステークホルダーとの初期段階での関与と議論の重要性を述べています。（Griffin, R. (2014) *Complete Training Evaluation*. Kogan Page.）
102.　Kirkpatrick, J. D. & Kirkpatrick, W. K. (2009) *Kirkpatrick Then and Now: A Strong Foundation for the Future*. Kirkpatrick Publishing. を参照。

ないものを現実のものにすることはできません。

　これらの期待の中には、「市場でのシェアを何%伸ばしたい」といった定量的な数字や、「従業員にこうなってほしい」といった定性的な状態が入ってくるでしょう。このようにして「レベル4：成果」を、ステークホルダー（特に経営層）の「期待」として明確にしたうえで、そこにつながる「レベル3：行動」を考えていきます。それをジェームス・カークパトリックは「Critical Behaviors：重要な行動」と呼び、ロバート・ブリンカーホフは「インパクトマップ」と呼んでいます。

　どちらにも共通しているのは、「現場からの情報収集」です。なぜなら、成果につながる行動をとるのは、現場の従業員だからです。「レベル4：成果」につながる「レベル3：行動」は何か、その答えは現場が持っているのです。

◉──研修と成果のつながりを描く

　ここでは、ブリンカーホフの「インパクトマップ [103]」を参考に、現場からどんな情報を、どのように収集すればよいかを見ていきます。インパクトマップとは、図表17に提示したように、「レベル2：学習」から「レベル3：行動」、そして「レベル4：成果」までの道筋を、「学習成果→重要な仕事上の行動→結果→部門目標→全社目標」と表現したもののことをいいます。

　「学習成果」はレベル2の学習目標と同義です。研修を通じて、受講者にどんな知識・スキル・態度を持ってほしいのかを考えます。それらの

103.　「インパクトマップ」（2001、2008）を、ブリンカーホフは「インパクトモデル」（2002、2006）や「HPJL」（2019）とも呼んでいますが、本質は一緒です。
　　　Brinkerhoff, R. O. & Apking, A. M. (2001) *High Impact Learning.* Basic Books.、Mooney, T. & Brinkerhoff, R. O. (2008) *Courageous Training: Bold Actions for Business Results.* Berrett-Koehler、Brinkerhoff, R. O. (2002) *The Success Case Method: Find Out Quickly What's Working and What's Not.* Berrett-Koehler、Brinkerhoff, R. O. (2006) *Telling Training's Story: Evaluation Made Simple, Credible, and Effective.* Berrett-Koehler、Brinkerhoff, R. O., Apking, A. M. & Boon, E. W. (2019) *Improving Performance Through Learning: A Practical Guide for Designing High Performance Learning Journeys.* Independently published. の5冊を参照。

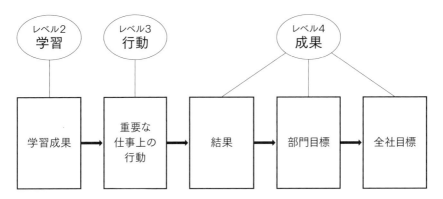

出典：Brinkerhoff, R. O. & Apking, A. M. (2001) *High Impact Learning*. Basic Books. ほかを参照

知識・スキル・態度を持った受講者に、仕事でどんな行動をとってほしいのか。これがレベル3の「重要な仕事上の行動」であり、ジェームス・カークパトリックのいう「Critical Behaviors：重要な行動」となります。それらの行動をとると、どんな「結果」が出るのか。そして、それが「部門目標」や「全社目標」にどうつながっていくのか。この一連の流れを、教育スタッフが考えたうえで、現場で情報収集するのです。

　この情報収集は、まずは研修前の企画段階、設計段階で行われるものですが、評価段階でも、実際に研修を活用して結果を出した人たちから情報を得るようにします。最初に仮説的につくったインパクトマップをもとに研修を設計・運営し、その後の評価を通じて、インパクトマップの内容を検証し、精度を高めていくのです。

　最初の仮説的なインパクトマップの作成時に参考になるのが、研究者たちのモデルです。のちほど、コラムとして一つの事例を紹介します（p111参照）。インパクトマップをつくり出すためには、現場での情報収集が必須ですが、徒手空拳で現場に向かう前に、まずは教育スタッフ自

身が先行研究にあたり、だいたいの予想をつけておくことも重要です。

ブリンカーホフ曰く「**プロである私たちが、自分たちで研修と成果の
つながりにまつわる仮説を示せないならば、現場のマネジャーや研修受
講者が、研修と成果のつながりをつくれるわけがない**」からです [104]。

ステップ② 行動（レベル3）の測定

①成果(レベル4)につながる行動(レベル3)の明確化

②行動(レベル3)の測定

③学習目標(レベル2)の設定

④関連度・有用度・自己効力感(レベル1)の評価

　混合評価において、私たちが2
番目になすべきことは、「行動（レ
ベル3）の測定」です。ここまで
述べてきたとおり、研修の中で教
育スタッフがコントロールしやす
い「レベル1：反応」「レベル2：
学習」と、受講者が現場に戻って実践する「レベル3：行動」との間には、
「広くて深い溝」があります [105]。この溝に橋を架けていくための働き
かけが「研修転移 [106]」であり、その転移が実際に行われたのかを最も
端的に評価するのが「行動（レベル3）の測定」になります [107]。

◉─ブリンカーホフの「サクセスケース・メソッド」

　この「行動（レベル3）の測定」の具体的手法として役立つのが、前

104.　Mooney, T. & Brinkerhoff, R. O. (2008) *Courageous Training: Bold Actions for Business Results.* Berrett-Koehler. を参照。

105.　Kirkpatrick, J. D. & Kirkpatrick, W. K. (2009) *Kirkpatrick Then and Now: A Strong Foundation for the Future.* Kirkpatrick Publishing. を参照。

106.　転移を促す具体的な働きかけについては、中原淳・島村公俊・鈴木英智佳・関根雅泰（2018）『研修開発入門「研修転移」の理論と実践』ダイヤモンド社. を参照ください。

107.　研修プロフェッショナルによる研修評価の実践度について分析したケネディら（2013）は、このレベル3の測定がほとんど行われていない理由として「資源（時間や人員）の不足」「組織からの支援不足」「教育スタッフの知識不足」があり、教育スタッフが、評価の専門性を高めることにより、研修評価に対する組織支援を受けやすくなると述べています。（Kennedy, P. E., Chyung, S. Y., Winiecki, D. J., & Brinkerhoff, R. (2013) Training Professionals' Usage and Understanding of Kirkpatrick's Level 3 and Level 4 Evaluations. *International Journal of Training and Development.*）

述したロバート・ブリンカーホフの「サクセスケース・メソッド（Success Case Method：成功事例手法）」（以下、SCM）です。SCMの進め方は、大きく5段階に分けられます。

（1）インパクトマップの作成
（2）研修の実施
（3）数か月後の「簡易アンケート」の実施
（4）成功例・失敗例への「深掘りインタビュー」の実施
（5）物語としての提示

インパクトマップについては前述したので、ここでは（3）以降について見ていきましょう。次ページの図表18をご覧ください。

まず（3）数か月後の「簡易アンケート」では、研修で学んだことを仕事で活用したかどうか、そして、活用した場合は、良い結果が出たかどうかを問います。

そのうえで、学んだことを活用して、良い結果が出た人を「成功例」、そもそも活用しなかった人を「失敗例」と見なして、（4）深掘りインタビューを行います。インタビューの方法としては、対面、電話、Web会議ツールなどがあるかと思います（ブリンカーホフ自身は、電話インタビューを勧めています[108]）。

インタビューでは、ドリルで穴をあけていくように深掘りして、細かいディテールを訊き出していきます。「なぜ、それが大事なのか？（Why is this important?）」で、結果やビジネスインパクトを訊き、「どうやったのか？（How did you do that?）」で、学習や行動について訊いていきます。これらのインタビューを通じて、インパクトマップの精度をより高めて

---

108. Brinkerhoff（2002）では、電話インタビュー（録音なし）45分を推奨しています。(Brinkerhoff, R. O. (2002) *The Success Case Method: Find Out Quickly What's Working and What's Not.* Berrett-Koehler.)

┌─数か月後の簡易アンケート─┐
あなたの研修後の状況として、
あてはまるものを選んでください

① 研修で学んだことを
　　仕事で活用しなかった　──────▶

② 研修で学んだことを
　　仕事で活用し、
　　良い結果が出た　──────────▶

③ 研修で学んだことを
　　仕事で活用したが、
　　まだ結果は出ていない

【失敗例】として深掘りインタビュー

① （研修内容を活用しなかった理由として）
　　何が邪魔した？

② （他の受講者や教育スタッフに対して）
　　助言があれば

【成功例】として深掘りインタビュー

① （研修で学んだことのうち）何を使った？

② （それを行ったことで）どんな結果が？

③ （研修内容を活用する際に）何が手助けに？

④ （他の受講者や教育スタッフに対して）
　　助言があれば

いくこともできます。

　SCMでは、少数あるいはたった一つの成功例からも、多くを学ぶことができるという前提で、その「成功例」を見つけ出し、深く話を聞くことに焦点を当てています。ブリンカーホフ曰く「もしたった一人の成功例も見つからないようであれば、その研修は失敗である」のです[109]。

◉──成功例を物語として提示する

　深掘りインタビューで集めた情報をもとに、（5）物語として、受講者の変化と組織へのインパクトを描きます。ブリンカーホフの著書[110]では、冒頭にAMEX社のジャンという女性の事例が描かれていて、のっけから心をつかまれます。要約すると、次のような物語です。

109.　Brinkerhoff, R. O. (2006) *Telling Training's Story: Evaluation Made Simple, Credible, and Effective.* Berrett-Koehler. を参照。
110.　同上。

- ジャンは、MBAを取得し、希望を持って入社した
- ところが、営業として電話アポをとろうとするも全くとれない
- 自信がどんどんなくなっていく
- 同僚たちはアポがとれて、数字も上げている
- 「自分には向いていない……辞めようか」と考え始めたとき、上司から声をかけられた
- 「もしかして、クビ？」と不安に思って、上司のオフィスに行ったら、違った
- 上司からは「EmoCamp」というEQ（感情知性）向上のための研修参加を勧められた
- 上司のオフィスに行ってから10か月後（ブリンカーホフが電話インタビューをしたとき）、彼女は見事に変わっていた。彼女の生産性ランクは、上位10名に入っていた
- 彼女曰く、研修は素晴らしく、彼女が電話で断られたときの対応法を学べたとのことだった
- 研修数週間後、彼女の電話アポ取得率は上がり、その後の売上にもつながっていった

ここでいう「物語」とは、小説家が描くような物語のことではなく、単純に「研修前・研修中・研修後」の3つの時期において、

（1）研修前の受講者の状態
（2）研修中の出来事や研修で得たもの
（3）研修後の受講者の状態

を一連の物語として描けばよいということです[111]。前述した「成功例」の深掘りインタビューを通じて「この人の話は、物語にしたい！」と思

った相手に対しては、追加で「研修を受ける前は、どういう状況だったのですか？」と訊いてみるのです。SCMの物語の事例は、第5章も参照ください。

【物語を描くための深掘りインタビュー】

① （研修で学んだことのうち）何を使いましたか？

② （それを行ったことで）どんな結果が出ましたか？

③ （研修内容を活用する際に）何が手助けになりましたか？

④ （他の受講者や教育スタッフへの）助言があれば教えてください

⑤ （研修を受ける前は）仕事はどんな状況でしたか？

●──サクセスケース・メソッドの限界と意義

SCMは、少数の「成功例」「失敗例」に着目し、成功・失敗の理由を探るものです。そのため、このアプローチには次のような限界があることを、ブリンカーホフ自身も認めています [112]。

【SCMの限界】

・少数のケースしか見ないので偏りがある

・全員が成功したとはいえないし、いおうとしない

・平均値を見ない。なぜなら、ある人々は成功し、他は成功しないから

・他の厳格で複雑な評価に代わるものではなく、一つの選択肢である

そのため、次のような場合にはSCMは合いません。その際には、他の手法（定量調査やトレンドライン分析等）を選択すべきだとしています。

---

111. グリフィン（2014）は「数字ではなく、言葉が、研修評価に使われることは少ない。しかし今後は質的手法が研修評価のトレンドになる」と、述べています。(Griffin, R. (2014) *Complete Training Evaluation*. Kogan Page.)

112. Brinkerhoff, R. O. (2002) *The Success Case Method: Find Out Quickly What's Working and What's Not*. Berrett-Koehler. を参照。

> **【SCMが合わないとき】**
> ・平均を見たいとき
> ・すべての対象者からデータをとりたいとき
> ・トレンドやパターンの変化を見たいとき

　さて、ブリンカーホフの言葉を借りて、SCMの意義を語るなら、下記のようになるでしょう。

　「研修のROIに見合うのは、実際に現場で研修内容を使った受講者の数と割合である。彼らが使ってくれれば、投資効果があり、使わなければ、研修投資は無駄になる。だからこそ、最大の評価焦点は、レベル3の行動に当てられるべきである。研修内容を使った誰かと、使わなかった誰かがいるはず。見るべきところは、そこだけでいい。**使った人と、使わなかった誰かを足して割り算して『平均値』にして見るから、おかしくなるのだ** [113]」

　このように威勢のいいブリンカーホフのSCMですが、日本の社会科学研究で使われることはまだまれです。その理由は、評価に関する実証研究といえば、実験計画法を用いて、参加者の「平均値」をもって評価する傾向がまだまだ強いからです [114]。

　しかし、筆者としては、SCMは、従来の量的方法の弱みを補うものであり、カークパトリックの「4レベル評価モデル」を効果的に補完する役割が期待できると考えています。物語を通して、経営上層部への示唆が可能になること [115] も、SCMの長所の一つといえます。「インパク

113.　Mooney, T. & Brinkerhoff, R. O. (2008) *Courageous Training: Bold Actions for Business Results.* Berrett-Koehler. から引用しました。
114.　斎藤嘉孝・安田節之（2017）サクセスケース・メソッド（Success Case Method）によるプログラム評価：「予期せぬ効果の顕在化」に優れた評価方法. 生涯学習とキャリアデザイン 14(2), 147-155, 2017-03 法政大学キャリアデザイン学会. を参照。
115.　同上。

トマップ」によって、組織目標（レベル4：成果）への道筋が描かれ、しかもそれを実際に体現した従業員の声が加わるならば、経営層の研修投資に対する納得感を得られることが期待できるからです。経営層への提示については、後のパートでも紹介していきます。

ステップ③ 学習目標（レベル2）の設定

①成果（レベル4）につながる行動（レベル3）の明確化

②行動（レベル3）の測定

③学習目標（レベル2）の設定

④関連度・有用度・自己効力感（レベル1）の評価

混合評価において、私たちが3番目になすべきことは「学習目標（レベル2）の設定」です。実はこのことは以前からいわれてきたことです。

例えば、プログラム評価の領域では、プログラムを「ゴール（目標）がある活動」と定義しています。「場当たり的」ではなく、しっかりとゴールが定まっている研修や支援のみを「プログラム」と呼ぶのです [116]。また、ID（インストラクショナル・デザイン）の世界でも「学習目標」の設定が最も重要である [117] と考えます。そもそもIDの根幹は「現状（入り口）」と「目標（出口）」とのギャップを埋めるため [118] に研修を設計するという点にあります。向かう先である「目標（ゴール）」が不明確な状態では、何をどう研修で提供してよいのかもわかりません [119]。

---

116. 安田節之（2019）特集 研修評価の新潮流：研修効果測定とサクセスケースメソッドによる体系的な研修評価アプローチの検討. 試験と研修 (45), 24-31, 2019-01 公務人材開発協会. を参照。
117. 堤宇一（編著）柳美里、木村覚、堤宇一、和田修一、早川勝夫（著）（2012）『教育効果測定の実践』日科技連出版社. を参照。
118. 鈴木克明（2015）『研修設計マニュアル：人材育成のためのインストラクショナルデザイン』北大路書房. を参照。
119. しかし、学習目標を、ID技術を用い設定している人事育成担当者はわずか（2004年の調査では6%）で、その多くが人材育成部門内の慣習、勘や経験で決められていることがほとんどだったのです。（堤宇一（編著）青山征彦・久保田享（著）（2007）『はじめての教育効果測定：教育研修の質を高めるために』日科技連.)

●──「研修受講者の行動」と「研修設計の目標」

本書では、この「学習目標（レベル2）の設定」を、2つの視点に分解して見ていきます。1つは「研修受講者の行動」、もう1つは「研修設計の目標」です。

まず、「研修受講者の行動」についてです。ここまで見てきたように、現場での「行動（レベル3）の測定」が、これからの研修評価で行うことなのですから、その手前の研修では「現場で行動がとれるよう準備する」ことに主眼を置きます。そのために、研修の中ですべきことは何でしょうか？　次のようなポイントが考えられます。

> ・受講者に「現場で行動をとる」気になってもらう
> ・受講者が「現場で行動をとる」ために必要な知識、スキル、態度を学んでもらう
> ・受講者が「現場で行動をとろう」としたときに、それを「阻害する要因」を洗い出し、それらへの対策を考えてもらう[120]

研修で学習することは、あくまで「手段」であり、「目的」は現場での実践です。そのため、「研修転移」を視野に入れた研修設計をする必要があるのです。

このことは、2つ目の「研修設計の目標」につながってきます。研修転移することを目指して、研修を設計するならば、その研修が、仕事に関連し、受講者にとって有用で、受講者の自己効力感を高めるものである必要があります。そのためにも、インパクトマップやSCM作成を通

120.　「逆戻り予防策(Relapse Prevention)」という手法です。（Marx, R. D. (1982) Relapse Prevention for Managerial Training: A Model for Maintenance of Behavior Change. *Academy of Management Review*. Vol.7 pp.433-441.）
　　逆戻り予防策は、実証研究の結果、その効果が支持されていて、特に「転移に望ましくない職場環境」であればあるほど、厳密な逆戻り予防策が効果を持つことが明らかになっています。（Holton, E. F. & Baldwin, T. (2003) Making Transfer Happen: An Action Perspective on Learning Transfer Systems. E. Holton & T. Baldwin (eds.) *Improving Learning Transfer in Organizations*. Jossey-Bass. pp.3-15.）

じて、現場情報を収集していきます。受講者が実際に仕事をしている現場の様子を知れば知るほど、研修内で学ぶことと現場とのつながりを示しやすくなり、受講者から見た「関連度」と「有用度」が高まるのです。

「この講師は、現場のことをよくわかっている……」
「この研修で学んだことを、現場で実践すれば、良い結果が出そう！」
「この内容は、確かに仕事に役立つ！」

などと、受講者に思ってもらえるような研修のデザインをしていく必要があるということになります。

「有用度」が高い研修であれば、現場での実践度合いが高まる [121] ことは、すでに先行研究から明らかになっています。「関連度」に関しては、研修転移の「近転移 [122]」という概念から説明することができます。ここで近転移とは、「研修で学んだ内容」が「現場で実践する内容」に「近いこと」をいいます。学んだ内容が「現場の状況により近い（＝近転移）」

---

121. アリガーら（1997）は、レベル1の評価として「反応（Reaction）」を「感情的（Affective）」と「実用的・有用度（Utility）」に分けて、34の実証研究をメタ分析しました。その結果、「感情的反応」より「実用的反応・有用度」のほうがより「学習」に関係していたことが明らかになりました。(Alliger, G. M., Tannenbaum, S. I., Bennett, W. Jr., Traver, H., & Shotland, A. (1997) A Meta-analysis of the Relations Among Training Criteria. *Personnel Psychology.* Vol.50 pp.341-358.)
　　また、レベル3の転移に関して、研修直後の「満足度」は、転移に関係していませんでしたが、「有用度（Utility）」は、「転移」に、若干（効果量 0.18）関係していることも明らかになっています。(Weinbauer-Heidel, I. & Ibeschitz-Manderbach, M (2018) *What Makes Training Really Work: 12 Levers of Transfer Effectiveness.* Tredition Gmbh.)
　　さらに、日本国内の実証研究でも「学んだ内容が役に立つ」ことを、研修前、研修中、研修後に繰り返し認識してもらうことが、研修転移に有効であったことが明らかになっています。(今城志保・藤村直子（2015）集合研修における学びの転移プロセスの検討. 日本心理学会第79回大会発表資料.)
122. 「研修転移」は、次のように定義されます。「研修で学んだことが、仕事の現場で一般化（Generalization）され役立てられ、かつその効果が持続（Maintenance）されること」（中原淳（2014）『研修開発入門：会社で「教える」、競争優位を「つくる」』ダイヤモンド社.）です。そして、この「転移」という概念には「運ぶ（Transport）」と「類似度（Degree of Similarity）」が含まれています。(Roussel, J.-F. (2014) Learning Transfer in Organizations: An Adaptive Perspective Centered on the Learner and the Development of Self-regulation. Schneider, K. (eds.), *Transfer of Learning* in organizations. Springer. pp.45-64.)
　　後者の「類似度」から「近転移（Near Transfer）」「遠転移（Far transfer）」という考え方が生まれました。研修の内容と現場の状況が似ているほど、転移しやすい（近転移）のです。（中原淳・島村公俊・鈴木英智佳・関根雅泰（2018）『研修開発入門「研修転移」の理論と実践』ダイヤモンド社.）

と感じられるほど、現場での実践が容易になるのです。研修設計の目標は、これら「関連度」「有用度」を高めることに置きましょう[123]。

　以上のように、現場での実践（転移）を視野に入れ、研修受講者の行動と研修設計の観点から「学習目標（レベル2）の設定」を行います。

ステップ④ 関連度・有用度・自己効力感（レベル1）の評価

①成果（レベル4）につながる行動（レベル3）の明確化

②行動（レベル3）の測定

③学習目標（レベル2）の設定

④関連度・有用度・自己効力感（レベル1）の評価

　混合評価において、私たちが最後に行うべきは「関連度・有用度・自己効力感（レベル1）の評価」です。

　教育スタッフが設計した研修が、次の3点を満たしているかどうかを測定するのが、「レベル1：反応」の評価となります。

・「受講者の行動」促進につながったのか？

・受講者から見て「関連度・有用度」が高い研修であったのか？

・研修転移につながるような研修設計であったのか？

◉─研修直後の「満足度」は尋ねない

　これまでの研修評価においては、多くの場合、「レベル1：反応」の評価では「満足度」をとってきました。主に研修直後にアンケートを実施して、「この研修に参加して良かったかどうか」を問うものです。これをドナルド・カークパトリックは「顧客満足度調査」と呼んでいます[124]。しかし、「4レベル評価モデル」に関する先行研究を見ると、「満足度は、

<hr />

123.　グリフィン（2014）は、研修直後に、次の2つの質問をする有効性を説いています。「How useful was the training to your job?　仕事に、研修は役立ちそうか？」「The training is relevant to my job　研修は、仕事に関連しているか？」（Griffin, R. (2014) *Complete Training Evaluation*. Kogan Page.）

学習、行動、成果に結びついていない」という知見がほとんどです[125]。

　そこで、私たちは、今後の研修評価において、あえて「満足度」は尋ねないほうがいいと考えています。その代わりとなるのが「関連度・有用度・自己効力感」です。「関連度・有用度」については前述したとおり「学んだ内容が、自分の仕事に関連しているか（関連度）」「学んだことが、仕事に役立ちそうだ、と思うかどうか（有用度）」です。

「自己効力感」は、20世紀を代表する心理学者のアルバート・バンデューラ[126]が提唱した「Self-efficacy」[127] [128]という概念から派生して、いまや、多くの人文社会科学の研究領域で使用されています[129]。

　研修転移においても「自己効力感」は非常に重要で、研修に参加した

124.　この「顧客満足度調査」としての受講者直後アンケートに対しては、厳しい批判があります。まず「カークパトリックのレベル1は、行動にもビジネス結果にも、何の関係もないことが、多くの研究で示されている」と厳しく断じているポロックら(2015)は「レベル1の反応は、証拠にならない。エンターテインメントなら別だが、組織は、従業員を楽しませるために、教育投資をしているわけではない。〝受講者は我々のことが好きである〟といった評価を、CEOは聞きたいわけではない」と述べています。（Pollock, R., Jefferson, A. & Wick, C. (2015) *The Six Disciplines of Breakthrough Learning: How to Turn Training and Development into Business Results.* Pfeiffer.）

　　また、日本での授業評価の観点から、山地（2007）は、「授業の場合、学生がもっている感覚や価値観を広げていくことが大切な目的であり、それこそが教育の本質だと言える。そこでは、教員と学生の関係は、単なるサービスの提供者と享受者ではない。授業とは、サービスの提供ではあるけれど、顧客アンケートが用いられるようなサービスとは大きく異なるのである」と述べています。（山地弘起（編著）（2007）『授業評価活用ハンドブック』玉川大学出版部.）

125.　2つのメタ分析（Alliger, G. M., Tannenbaum, S. I., Bennett, W. Jr., Traver, H., & Shotland, A. (1997) A Meta-analysis of the Relations Among Training Criteria. *Personnel Psychology.* Vol.50 pp.341-358.　および Sitzmann, T., Brown, K. G., Casper, W. J., Ely, K., & Zimmerman, R. D. (2008) A Review and Meta-analysis of the Nomological Network of Trainee Reactions. *Journal of Applied Psychology.* Vol.93 pp.280-295.）でも「研修直後アンケート（満足度）」は「学習」と.09の相関しかなく、全く関係がないという結果が示されています。（Thalheimer, W. (2016) *Performance-Focused Smile Sheets: A Radical Rethinking of a Dangerous Art Form.* Work-Learning Pr.）

　　アーサーら（2003）も、先行研究のレビューの中で「L1の反応（満足度）」は、他の3つと関連がないことが多くの研究で示されている」と述べています。（Arthur Jr. W., Bennett Jr. W., Edens, P. & Bell, S. (2003) Effectiveness of Training in Organizations: A Meta-analysis of Design and Evaluation Features. *Journal of Applied Psychology.*）

126.　カナダ生まれの心理学者で、「社会的認知理論（1986）」を打ち立てました。筆者の一人（関根）が、東京大学大学院中原研究室の夏合宿でA.バンデューラの業績を調べていた際、彼は心理学者の中で、4番目に引用が多い研究者ということで、「No.4」と呼ばれていることを知りました。1925年生まれで、2021年7月26日に、96歳で亡くなりました。

127.　Self-efficacyの訳語については、自己可能感、自己効力感、自己確信、自信などがあり、定訳はありません。（祐宗省三・原野広太郎・柏木惠子・春木豊（編）（2019）新装版『社会的学習理論の新展開』金子書房.）本書では「自己効力感」に統一しました。

受講者が「私にも、実践できる！（Can）」と「私は、これを実践する！（Will)」という気持ちになることが、その後の現場実践を促すことが多くの研究から明らかにされています [130]。研修評価の世界には「研修について、たった一つのことしか調べられないとしたら、調べるべきは学習者の自己効力感である [131]」という言葉さえあるぐらいです。

◉──パフォーマンス・フォーカスド・スマイルシート

　この「自己効力感」にこだわり抜いてつくられた研修直後アンケートが、ウィル・タルハイマーによる「PFSS（Performance-Focused Smile Sheet：

128.　自己効力感とは「自分が行為の主体であると確信していること、自分の行為について自分がきちんと統制しているという信念、自分が外部からの要請にきちんと対応している確信」（中島義明他（編）（1999）『心理学辞典』有斐閣.）です。一言でいえば「自分ならできる！」という自信です。（Griffin, R.（2014）*Complete Training Evaluation.* Kogan Page.）
　　この自己効力感の源は、4つあります。1）自身の制御体験を通じて（実際にやった経験がある）、2）社会的モデルによる代理体験を通じて（実際にやっている他人を見て）、3)社会的説得を通じて（あなたならできる!）、4）生理的・感情的状態を通じて（気分が乗っているのでできる！落ち込んでいるのでできない）。これら4つを通じて、本人の自己効力感が高まっていくのです。（アルバート・バンデューラ（編）本明寛・野口京子（訳）（1997）『激動社会の中での自己効力』金子書房.）
129.　例えば、心理学研究では、1980年代以降、自己効力感に関する研究が、1万件ほど行われています。（Judge, T. A., Jackson, C. L, Shaw, J. C., Scott, B. A. & Rich, B. L（2007）Self-Efficacy and Work-Related Performance: The Integral Role of Individual Differences. *Journal of Applied Psychology,* Vol. 92, No. 1, 107–127.）
　　それらの研究のうち、1977年から1996年までの114の実証研究をメタ分析した結果、自己効力感はパフォーマンスに高い効果量($d=.82$)を持っていました。これはパフォーマンスが28％増すということを指します。（Stajkovic, A. D. & Luthans, F.（1998）Self-Efficacy and Work-Related Performance: A Meta-Analysis. *Psychological Bulletin,* 124(2), 240–261.）パフォーマンスが28％増す原因が、自己効力感にあるとするならば、これはかなりの影響力といえます。
130.　1988〜2008年の20年間の転移研究をレビューしたバルドウィンら（2009）は「自己効力感は、転移の重要な変数」と述べています。（Baldwin, T. T., Ford, J. K., & Blume, B. D.（2009）Transfer of Training 1988-2008: An Updated Review and Agenda for Future Research. *International Review of Industrial and Organizational Psychology.* Vol.24 pp.41- 70.）
　　また、実務家向けにわかりやすく転移促進の具体的手法を「6D」という枠組みにまとめたポロックら（2015）は「研修転移は、受講者の「Can I？できる？」「Will I？やる？」という質問に対する答えによって決まる」とし、自己効力感を高めることを研修の目標としました。（Pollock, R., Jefferson, A. & Wick, C.（2015）*The Six Disciplines of Breakthrough Learning: How to Turn Training and Development into Business Results.* Pfeiffer.）
　　同じように、実務家向けに転移を促す方法を「12のレバー」にまとめたウェインバウワー・ヘイデルら（2018）は「最終的に、転移は受講者の決断」と考え、その決断を促すために、研修終了時までに受講者の「I want（したい！転移意欲）、I can（できる！自己効力感）、I will（やる！転移意志）」を、研修設計のゴール（目標）に置く重要性を説いています。（Weinbauer-Heidel, I. & Ibeschitz-Manderbach, M（2018）*What Makes Training Really Work: 12 Levers of Transfer Effectiveness.* Tredition Gmbh.）
131.　Griffin, R.（2014）*Complete Training Evaluation.* Kogan Page. を参照。

パフォーマンス・フォーカスド・スマイルシート）[132]」です。

　タルハイマーは、著書 *Performance-Focused Smile Sheets* の冒頭に、CEOと教育スタッフの寓話を持ち出しています。

　ある教育スタッフが、これまでにとってきた研修直後アンケートの結果を示しながら、研修の有効性をCEOに説明しようとしています。すると、CEOがこんな質問を放ちました。

　「研修直後アンケートで、満足度が高い研修の受講者は、満足度が低い研修の受講者よりも、現場で仕事がうまくいくということか？」

　非常にスパイシーな問いです。タルハイマーは、この問いに対して、教育スタッフは何も答えられなかった、と紹介しています。

　すでに述べたように、「レベル1：反応」のうち、感情的反応である「満足度」は、本来関係があるとされていた次のレベル「学習」や「行動」には結びついていない [133] というのが、大半の先行研究の結果です。つまり、研修直後アンケートで「満足度」が高かったとしても、それは現場での行動を予測せず、「満足度が高い研修を受ければ、受講者は、現場で仕事に成功するのか？」という問いには答えることができないのです。

　研修に対する「満足度」が高いということは、受講者からは「参加し

132.　Thalheimer, W. (2016) *Performance-Focused Smile Sheets: A Radical Rethinking of a Dangerous Art Form.* Work-Learning Pr. を参照。

133.　タルハイマー（2016）は「スマイルシート（研修直後アンケート）は、学習を全く予測していない。スマイルシートで数値を一番低くつけた人が、実際には最も学んでいることもある」と述べています。（Thalheimer, W. (2016) *Performance-Focused Smile Sheets: A Radical Rethinking of a Dangerous Art Form.* Work-Learning Pr.）レベル1の満足度と他のレベルとの間に関係がないことについては、脚注121、124、125なども参照ください。

134.　研修直後の自己効力感が現場実践（転移）を予測するという研究は多々あります。脚注130も参照ください。

135.　タルハイマー（2016）は「World's Best Smile-Sheet Question 世界最高のスマイルシート質問紙」と名付けています。（Thalheimer, W. (2016) *Performance-Focused Smile Sheets: A Radical Rethinking of a Dangerous Art Form.* Work-Learning Pr.）皆が可もなく不可もなく笑顔で回答すると揶揄するように、研修直後アンケートは「スマイルシート」と呼ばれていますが、グリフィン（2014）曰く、誰がいつからスマイルシートと呼び始めたのかは、明らかではありません。（Griffin, R. (2014) *Complete Training Evaluation.* Kogan Page.）

102　——　第1部　研修評価編

て良かった」「他の人にも薦めたい」といった評価が得られたのかもしれません。しかし、それはもしかすると、

「忙しい仕事の合間に息抜きになった」

「講師が盛り上げてくれてエンターテインメントのように楽しかった」

「他の受講生とわいわい話せて良かった」

といった理由によるものかもしれません。

　もしそうだったとすると、満足度が高い研修であったとしても、それが現場での行動に結びつくとは、とても考えられません。

　それでは、受講者が「満足感」ではなく、どんな「反応」をすれば、現場での行動に結びつくのでしょうか?

　その答えが「自己効力感」です。受講者が研修直後に「研修で学んだことを、仕事に活用できる」と感じてくれたなら、その研修内容は転移しやすくなることが明らかにされています [134]。

　したがって、タルハイマーは「世界最高のスマイルシート [135]」として、下記の質問をすることを推奨しています。

研修で学んだ内容を、どのぐらい現場で実践できそうですか?

　(A〜Eの一つを選んでください)

A. 現場で実践できるとは、とても思えない

B. 研修内容の理解はできたが、現場で実践するためには、さらなる練習、経験、支援が必要だと思う

C. 現場で実践できると思うが、期待されるレベルに達するには、まだ経験が必要だと思う

D. 研修で学んだ内容を、期待されるレベルで、現場で実践できると思う

E. 研修で学んだ内容を、エキスパート(専門家)レベルで、現場で実践できると思う

Aという回答は「問題外」で「研修設計・運営の失敗」と捉えることができます。Bも「自己効力感が高まっていない」ということで「不可」です。CとDは「自己効力感が高まっている」ため良しと捉えられます。Cが「良」、Dが「優良」です。Eはまれな回答ですが、これは「自己の過大評価」かもしれません。実際にこのアンケートをとってみると、Cと回答する人が大半です。第4章で事例を紹介します。

　ウィル・タルハイマーの言葉を借りれば、**「研修設計のゴールは、自己効力感を高めること」**にあります [136]。そのためには、前述したとおり、「この研修は、仕事に関連している」という関連度と、「この研修は、仕事に役立つ」という有用度を高めるような研修設計・運営をする必要があります。

　関連度と有用度の高い研修であれば、「関連度が高いからこそ、自分には実践できる！（Can）」「有用度が高いからこそ、自分は実践する！（Will）」といった具合に「自己効力感」を高められるのです。逆に「この研修は、仕事に関連していない」なら、そもそも活用する場面が仕事においてないかもしれませんし（Can not）、また、「この研修は、仕事に役立たない」なら、そもそも実践しようという気にならないでしょう（Will not）[137]。

　ここまでをまとめます。これからの研修評価では、レベル1の反応で「満足度」を問うことをやめましょう。その代わりに「関連度・有用度・自己効力感」を問います。それによって、受講者へのメッセージ[138]や、教育スタッフの研修設計・運営のやり方も変わってきます。この点につ

136.　Thalheimer, W. (2016) *Performance-Focused Smile Sheets: A Radical Rethinking of a Dangerous Art Form.* Work-Learning Pr. を参照。同じことは、Pollock, R., Jefferson, A. & Wick, C. (2015) *The Six Disciplines of Breakthrough Learning: How to Turn Training and Development into Business Results.* Pfeiffer. や、Weinbauer-Heidel, I. & Ibeschitz-Manderbach, M (2018) *What Makes Training Really Work: 12 Levers of Transfer Effectiveness.* Tredition Gmbh. も述べています。

137.　脚注130も参照ください。（Pollock, R., Jefferson, A. & Wick, C. (2015) *The Six Disciplines of Breakthrough Learning: How to Turn Training and Development into Business Results.* Pfeiffer.）

いては、続く第4章で詳しく説明します。

2.「数字と物語」でシンプルな報告

さて、ここまで私たちは、ジェームス・カークパトリックの「新モデル」に基づきながら、混合評価として何を見ていけばいいのかを考察してきました。ここでは、取得するデータの特性と、そうしたデータを、ステークホルダーへどのように報告すればよいのかを考えていきます。

◉──研修に関するステークホルダー

研修に関するステークホルダー（利害関係者）には、大きく分けて5つの主要人物がいます。

> （1）経営層（役員等の意思決定権者）
> （2）現場マネジャー（受講者の上司）
> （3）受講者
> （4）研修ベンダー（外部講師等）
> （5）教育スタッフ（研修の企画設計者、社内講師含む）

研修の企画・設計・運営・評価においては、これら多様なステークホルダーが、さまざまな思惑を持って関わってくることになります[139]。本書のテーマである「研修評価」に関しては、評価を参考にして意思決定を行う「経営層」への働きかけが決定的に重要になります[140]。ここでは「経営層」への結果の提示の仕方に絞って紹介していきます。

---

138. 満足度を測れば「受講者を幸せにすることが目標」というメッセージになり、有用度を測るなら「研修で学んだことを現場に活かすことが目標」というメッセージになります。（Weinbauer-Heidel, I. & Ibeschitz-Manderbach, M (2018) *What Makes Training Really Work: 12 Levers of Transfer Effectiveness.* Tredition Gmbh.）

◉―経営層に研修評価の結果を提示する

経営層は、大きく3つに分けられるでしょう。

（1）トップ（社長、CEO等）
（2）人事担当の役員
（3）他の役員（営業、開発、製造等）

多くの場合、教育スタッフとしては、まず自分の上にあたる人事担当役員への説明機会があるでしょう。その後、その人事担当役員が、社長や他の役員に対して説明を行うことになります。その際に、経営層は何を聞きたいのでしょうか？　おそらく経営層が知りたいのは、個々の細かい研修に関してではなく、次のようなことではないでしょうか。

「研修に予算をかけたが、意味はあったのか？」
「何らかの成果は出たのか？」
「少なくとも、現場の役に立っているのか？」[141]

これらの経営層の疑問に答えるために、教育スタッフは、研修評価に

139.　堤ら（2012）は、教育活動の場を「多様なステークホルダーが織りなす生々しい世界」と呼び、大きく3人のステークホルダー（受講者、上司・経営者、教育ベンダー・講師）を想定しました。人材育成担当者は「ある種の政治的な動きを意識し、関係者を上手に巻き込み、協力関係を獲得しながら進めることが余儀なくされる」としています。特に「教育ベンダーや講師がとるサバイバル戦略（例：受講者を生贄にし、発注者側の不具合を指摘し、自分たちの非を認めない）を理解した上で、関係性を構築していく必要がある」とも述べています。（堤宇一（編著）柳美里、木村覚、堤宇一、和田修一、早川勝夫（著）（2012）『教育効果測定の実践』日科技連出版社.）

140.　ステークホルダーは「イコールではない」からです。（Griffin, R. (2014) *Complete Training Evaluation.* Kogan Page.）
　　安田（2011）も、評価を行うにあたって「すべての人々の価値を加味するのは不可能」であるとし、「まず誰が評価結果を求めているのかを明らかにし、その人の価値を最優先に考えるようにする」必要性を述べています。（安田節之（2011）『プログラム評価』新曜社.）

141.　サイボウズ社との共同研究において、プログラム評価を専門とする安田ら（2020）は「つまるところ、ステークホルダーは、受講者や組織に何らかの変化が認められたのかについての情報を欲している」と述べています。（安田節之・椋崎修・椋田亜砂美・三好真人（2020）チームワーク形成を目的としたPBL型教育の効果測定：研修評価アプローチによる検討. 法政大学キャリアデザイン学会. 生涯学習とキャリアデザイン. 18巻 p.11-29.）

おいて集めてきた情報やデータを提示していきます。

（1）期待される成果は何だったのか？
　　　インパクトマップとROE：握った期待
（2）それらの成果につながる行動は何だったのか？
　　　Critical Behaviors：重要な行動
（3）それらの行動が、現場で実践されたのか？
　　　SCM：実践度（定量データ）
（4）その結果、何らかの成果が生まれたのか？
　　　SCM：物語（定性データ）

　定量データの結果はシンプルに「棒グラフ」や「円グラフ」[142] にまとめます。また、定性データである実際の受講者の声 [143] を「ストーリー」として提示し [144]、「研修が確かに役に立っている」「成果に影響している」ことをイメージさせるのです。

　例えば、次ページの図表19のように、研修内容が実際に現場で活用されている割合と人数（定量データ）を円グラフとして提示し、加えて、実際にどう活用し成果につながっているのか、受講者の声（定性データ）を一覧にして提示します。

　ただ、実際には、経営層に結果を提示するのは、それほど簡単なことではありません。そもそも、その機会をもらえることが少なかったり、

---

142. グリフィン（2014）は「少ない言葉と数字で、成果を伝えられると良い」とし「その際には、棒グラフと円グラフが有効」と述べています。（Griffin, R. (2014) *Complete Training Evaluation*. Kogan Page.）
143. このときに「他の役員」の部下である営業や開発部署の従業員の声を使うことで、これらの「他の役員」を味方につけることが可能かもしれません。自分もよく知っている部下で、しかも目をかけている人物が、「研修が役に立った」といってくれているなら、これを否定することは心情的に難しくなるでしょう。
144. グリフィン（2014）は、「質的手法」が「今後の研修評価のトレンドになるだろう」と展望を述べています。彼は学習者に「What difference did the training make to you? 研修によって何が変わった？」と訊いてみることを勧めています。「Power of Words：言葉の力」を信じるべきとし、学習者自身の言葉を引用した、学習者個人の物語が、ステークホルダーへの提示の仕方として効果的であると主張しています。（Griffin, R. (2014) *Complete Training Evaluation*. Kogan Page.）

社内講師養成研修（全4回）
これまでの研修（第1〜3回）で学んだことを、現場で活用しましたか？

活用しなかった
15%（18人）

活用して、
良い結果が出た
48%（57人）

活用したが、
結果が出なかった
（まだ出ていない）
37%（44人）

有効回答数：**119**

【活用して、良い結果が出た方の声】
- どんな結果が出たのか？
  - 担当研修の実施率が100%を達成
  - 受講率が98%に到達
  - 他の従業員への推薦度が、
    12ポイント向上

【活用しなかった方の声】
- 活用しなかった理由は？
  - 1〜3回の研修を受講していない
  - 講師として登壇する機会がなかった
- どんな支援があれば、活用できたか？
  - 1〜3回の研修のアーカイブ動画
  - 他の受講者との横の情報共有

数ある議題の一つとして短時間で伝えなくてはならなかったりします。さらに、経営層には、次のような特徴 [145] があり、一筋縄ではいきません。

【経営層の特徴】
- 常に研修成果について明確な期待を持っているわけではない
- 対立し矛盾する意見を持つこともある
- 前と考えを変えることもある。しかも前いったことを覚えていない
- 前の役員が組織を離れ、新しい役員が加わることもある

　だからこそ、何度でも「研修は成果に向けての行動支援」であることを強調し、カークパトリックの新モデルにおける「レベル4：成果」か

145.　Griffin, R. (2014) *Complete Training Evaluation*. Kogan Page. を参照。

ら話を始めるのです。なぜなら、経営層が興味を持っているのは、「レベル1：反応」の話ではなく、「レベル4：成果」の話だからです。

　とはいえ、こちらも何度も繰り返しますが、「研修が直接に成果を生み出す」わけではありません。「研修が変えうるのは行動までであり、行動こそが成果をつくる」のです。そのため、成果を語る際には、それを「行動」にパラフレーズ（言い換え）して語ることが重要です。ここについては、次の第4章で「研修の効果」として説明していきます。

　以上、第3章では、これまでの研修評価研究の知見を踏まえて、私たちが主張する「混合評価」の方向性を提示しました。
　続く第4章では、より具体的に、かつ、詳細に、混合評価をどのように実践していけばよいのかを考えていきます。

まとめ

　第3章では、ジェームス・カークパトリックの「新モデル」に基づき、これからの研修評価（混合評価）の方向性を説明してきました。期待される「成果（レベル4）」から「成果につながる行動（レベル3）」「学習目標（レベル2）の設定」「行動を促す反応（レベル1）」を順に考えていくというものです。

1. 混合評価を支えるデータ

・成果につながる行動（レベル3）を明確にする

・それらの行動が現場で実践されているのか（転移）を測定する

・研修直後アンケートでは、転移につながる反応（レベル1）として「関連度・有用度・自己効力感」を訊く

2.「数字と物語」でシンプルな報告

・研修後の現場実践度合い（定量データ）を測定する

・サクセスケース・メソッドで物語（定性データ）を深掘りする

・棒グラフや円グラフ（定量データ）と当事者の言葉（定性データ）の双方を使って、研修後の実践状況を報告する

CHECK POINT!!

　本章での学びを現場での実践につなげるために、次の点をチェックしてみましょう。

□　自社で期待されている成果（レベル4）は何でしょうか？

□　成果につながる行動（レベル3）は明確になっていますか？

□　現場での実践度合い（転移）を測定していますか？

インパクトマップづくりの例

　ここで紹介する事例は、新入社員を指導育成するOJT指導員の研修をデザインしたときのものです。インパクトマップをつくるためには、現場への聞き取りが重要なことは前述のとおりですが、これを「巨人の肩」に乗ってつくり出すこともできます。偉大な研究者たちが探究した概念フレームワークは、インパクトマップづくりにおいて非常に参考になることでしょう。

　私たちは、インパクトマップ（レベル4←レベル3のつながり）をつくる際、現場の聞き取りに向かう前に先行研究をあたり、バウワーらの「組織社会化モデル」[146]を参考にしました。バウワーらは、新人の適応に関する先行研究をレビューし、「組織が新人を社会化するときのモデル」を提示しています（図表20）。

　このモデルによると、組織が重視するレベル4の成果としての「離職率」を下げるためには「新人の適応」が必要です。そして、新人の適応を促すためには、新人自身の行動（情報探索）と組織からの働きかけ（社会化戦術）が必要だとされています。

　このモデルを参考にすると、組織からの働きかけとして、OJT担当者が何らかの行動（レベル3）をとれば、それが「新人の適応」

---

146. Bauer, T. N., Bodner, T., Erdogan, B., Truxillo, D. M., & Tucker, J. S. (2007) Newcomer Adjustment During Organizational Socialization: A Meta-Analytic Review of Antecedents, Outcomes, and Methods. *Journal of Applied Psychology*. Vol.92 pp.707-721. を参照。

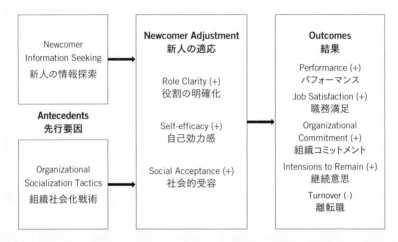

出典：Bauer, T. N., Bodner, T., Erdogan, B., Truxillo, D. M., & Tucker, J. S. (2007) Newcomer Adjustment During Organizational Socialization: A Meta-Analytic Review of Antecedents, Outcomes, and Methods. *Journal of Applied Psychology.* Vol.92.

を促し、「離職率の低下」につながると考えられます。

　目指す新人の適応は、「役割の明確化」がなされ、「自己効力感」が高まり、「社会的受容」が行われている状態だとわかります。

　まず「役割の明確化」とは、「何をすればよいかわかっている」ということです。新人が手持ち無沙汰にならないよう、仕事を与えていく必要があります。そこで役立つのが、新人に与える仕事を描き出す「仕事マップ」や「OCB（雑用）リスト [147]」です。

　次に「自己効力感」を高めるには、何かの仕事をやりきる経験が必要になります。どんな仕事を与え、どう教え、本人に任せて

---

147. OCB（Organizational Citizenship Behaviors：組織市民行動）は「自由裁量的で、公式的な報酬体系では直接的ないし明示的には認識されないものであるが、それが集積することで組織の効率的および有効的機能を促進する個人的行動」と定義されます（オーガン, D., マッケンジー, S. & ポザコフ, P.（著）上田泰（訳）(2007)『組織市民行動』白桃書房。）。いわば「誰かがやってくれると助かる」雑務・雑用です。

	学習目標	→ 重要な 仕事上の行動	→ 結果	→ 部門目標	→ 全社目標
O J T ト レ ー ナ ー 研 修	・仕事マップ ・OCBリスト ・スキャフォル ディング ・人脈マップ	・手持ち無沙汰になら ないよう新人に仕事 を与える （役割の明確化） ・やりきる経験を積める よう仕事を教え、仕事 を任せていく （自己効力感） ・他の職場メンバーと の接点をつくっていく （社会的受容）	新人の適応 （Bauer et al.2007） ・役割の 明確化 ・自己効力感 ・社会的受容	離職率の低下	優秀な人材の 採用と保持

いくかという「仕事の教え方・任せ方」を、OJT担当者自身が学び、実践していくことが求められます。そのために、研修では「スキャフォルディング」[148]という指導の手法を学びます。

　最後に「社会的受容」が行われている状態とは、新人が職場メンバーから受け入れられているということですので、なるべく他のメンバーとの接点を持たせるようにしていきます。そのために、研修では「人脈マップ[149]」を描き、周囲との関わりを増やすための方法を考えます。

　このように、巨人たちの先行研究を参考にし、その知見を活かして、インパクトマップを作成します（図表21）。

---

148. スキャフォルディング（足場架け）とは、一から十まで丁寧に教えるティーチングと、相手から答えを引き出そうとするコーチングの中間ぐらいの指導手法です。全部を教えるのではなく、ヒントや考え方を教え、その後、本人が自分一人でできるよう手助けしていく教え方です。（関根雅泰・林博之（2020）『対話型OJT』日本能率協会マネジメントセンター.）

149. 自部署や他部署には、誰がいて、何に詳しいのか、どんな関わりがあるのかという「Who knows what：誰が何を知っているのか」を描き出し、見える化するツールです。

統計分析は「魔法の杖」ではなかった

....

●─統計分析への期待

　ここでは、統計分析というテーマにまつわる、筆者の一人（関根）の個人的ストーリーを紹介します。

　私は、2010年に東京大学大学院の中原淳研究室（修士課程）に入学しました。共著者の一人でもある中原教授のもとで、人材開発に関する知見を学び、研修講師としての仕事に活かしたいというのが、主な入学理由でした。その中で、特に習得を期待していたのが「統計分析」の知識とスキルでした。

　アンケート調査で数字データを取得し、それを分析にかけて、何らかの結果を提示する。当時の私にとって、統計分析は「魔法の杖」のように見えていました。「統計分析を身につければ、研修評価もできるようになる。それを用いて、お客様の教育スタッフや、その先の経営陣を納得させることができる！」と思っていたのです。

　実際に、大学院で「統計分析」に関する授業をいくつも取り、研究会や勉強会があれば参加しました。中原教授や先輩たちの指導を受けながら、実際にデータをとって、統計ソフト（SPSS等）にかけて、分析を行いました。「相関分析」「因子分析」「重回帰分析」「共分散構造分析」「β」「r」「$p<.01$」「R^2値」「χ^2値」……。私はたくさんの専門用語を覚えました。大変ながらも、その習得

は楽しかったことを覚えています。

　覚えたての統計用語を、「統計的に有意な結果が出て……」「独立変数が……、従属変数が……」「この矢印が、変数間のパスを示していて……」等、格好つけてお客様への説明でも使っていました。それっぽい言葉を使うことで「煙に巻く」ようなところもあったかもしれません。

●──統計分析は説得の一つの手段

　ところが、あるお客様への結果報告で、手痛い失敗をしました。1年間続けてきた「管理職研修」の結果報告を行った際のことでした。「従業員満足度」に「管理職の行動」がどう影響したのかを示したのです。

「因子分析とパス解析の結果、こういうパスがあって、管理職行動が、職場雰囲気を媒介し、従業員満足度に影響を及ぼしたのです。したがって、この管理職行動を伸長させることを目的とした、今回の研修には意義があったといえます」と、意気揚々と説明していました。

　すると、先方からこんな一言をもらいました。「なるほど。統計の詳しいことはよくわかりませんが、でも、それって当たり前のことですよね。管理職行動が、職場雰囲気に影響し、従業員満足度に影響を及ぼすのは、当たり前じゃないですか？」

　私は「……しかし、これまで暗黙知的だったことが、形式知化されたことで……ごにょごにょ」と必死で説明しますが、先方の顔は「ふ～ん」としらけた感じで、背中にいや～な汗をかいたことを、今でも覚えています。

　統計分析は「魔法の杖」ではなく、複数ある説得の手段の一つ

でしかありません。当時の私は、そのことをすっかり忘れて、統計と数字に酔いしれていました。

　どんな鋭い厳密な分析も、相手に「受け取ってもらわなければ意味がない」のです。数字の力は絶大なのですが、そこに埋没してしまうと、相手からそっぽを向かれるようになります。今から考えれば、お客様に必要だったのは「数字（定量データ）」もそうなのですが、結局、この研修をやって意味があったのかどうか、という「現場の声＝物語（定性データ）」だったのかとも思います。私のように、統計分析を少しかじったぐらいの人間ですと、かえって統計分析の言葉や複雑な図表を使いがちなのかもしれません。

●──複雑な事象をシンプルに描く

　ちなみに、20年以上にわたって統計を使ってきた中原教授の場合は、お客様との会話のとき、全く違うコミュニケーションをとっていました。

　一度、ある研修評価の結果を提示するための資料を見せてもらったことがあるのですが、そこで使われていたのは、たった一つのシンプルな「棒グラフ」でした。しかも使っているのは「％（パーセント）」。専門用語も全く用いません。

　もちろん、この棒グラフをつくるために、裏では緻密な統計分析と、データとの格闘があったのだと思います。

　中原教授は常に「シンプルであること」にこだわっています。複雑な事象を、そぎ落とせるだけ、シンプルに描くこと。しかしながら、嘘は描かないこと。シンプルさと真実を伝えることのバランスをとることに、いつも心を砕いているのです。

　中原教授はいつも「データは、相手が理解できて、腹に落ちて

こそ、相手に活かされるものです」と語っています。相手に伝わらない数字は、経営の現場では意味がないのです。まだまだ学ぶことは多いです。

第4章
これからの研修評価の進め方

第4章の目的は、前章で論じた「混合評価」の方向性をさらに具体的かつ実践的に描き出すことです。どのようなデータを、どのようなタイミングで取得し、どのように提示していけばいいのかを考察します。

本章では「混合評価」の具体的な方法論を「ミニマム」「スタンダード」「プレミアム」の3つのコースに分けて紹介します。もちろんミニマムよりスタンダード、スタンダードよりプレミアムのほうが、豊富な情報を現場から得ることができますが、その分、リソース（ヒト・モノ・カネ）も費やさなければなりません。それぞれの研修プログラムについて、企業のどのような戦略実現に貢献でき、その評価にどの程度のリソースを費やすことが妥当なのかを考えながら、コースを選択することをおすすめします。現場での実践において、リソースは最も重要な制約なのです。

これらのコースは「金科玉条」のように凝り固まったものではありません。あくまで「たたき台」として参照しつつ、読者の皆さん自らの研修評価をつくり上げることを重視してください。本書を参考に、実践者である、あなた自身が、自らの組織に最もフィットする評価手法をつくり出してください。研修評価はもっと「自由」であってよいのです。私たち実践者は「自由」なのです。

1. 混合評価の3つのコース

第3章では「混合評価」の方向性として、私たちがなすべき4つのステップ（右図）を提案しました。加えて、定量データと定性データの両者を利用して、ステーク

①成果（レベル4）につながる行動（レベル3）の明確化

②行動（レベル3）の測定

③学習目標（レベル2）の設定

④関連度・有用度・自己効力感（レベル1）の評価

ホルダーに対して、シンプルに結果を提示することが重要であることを論じました。

第4章では、これらの方向性を踏まえながら「混合評価」の具体的な進め方を「ミニマム」「スタンダード」「プレミアム」の3コースに分けて紹介していきます。

◉─研修評価に割く資源（リソース）を決定する

しかし、その前に、私たちが考慮に入れなければならない重要なことがあります。それは、（1）読者の皆さん自身が、研修評価にどれだけの業務リソースをかけられるか、また、（2）皆さんの上位者（決裁権者）が、どこまでのデータを求めるか、そして、（3）その研修が、会社・組織にとって中核的な内容なのか、という点です。

実際の研修評価場面では、これらの3つの観点から、どのプログラムに、どの程度の評価資源を傾け、どれだけリッチに情報を取得していくかを考えます。企業における研修評価は「やればやるほどいい」というわけではありません。また、企業における評価は「厳密であればあるほどいい」というわけでもありません。

より豊かな情報を有する評価を実現するためには、「資源」が必要なのです。既存のアカデミックな教育評価論には、この視点が決定的に欠けています。厳密な評価を行うためならば、どのような資源をかけてでも、よりリッチに情報を取得するほうが良い、と考えてしまうのです。しかし、企業は「実験室」ではありません。企業研修は経営・現場にインパクトをもたらす「実践」であり、「研究」ではありません。企業を「実験室」に近づけることは、必ずしも「良いこと」ではないのです。

企業が掲げる目標や戦略に近い教育内容、決裁権者が重要視するものには資源を投下できますが、そうでない場合には、省力化することも非常に重要です。大切なことは「思考停止」しないことです。企業が掲げる目標や戦略にどれほど近い研修プログラムなのか、また決裁権者が何

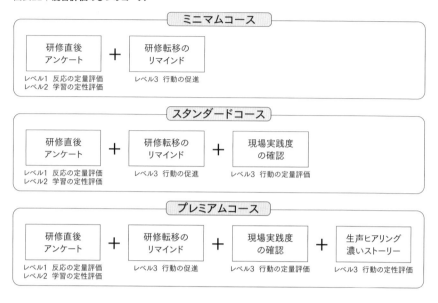

を求めるかによって、評価に、どれほどの資源投下を行うかを「自己決定」してください。恐れる必要はありません。あなたが、あなたの現場に最もフィットするやり方を、自己決定し、選択すればいいのです。

◉—混合評価の3つのコースとは？

さて、評価の具体的手法を自己決定するといっても、何らかの基準や参照軸がないことには、それを決められません。本書では、どこまでリソースをかけて、具体的には何をしなければならないのかを3コースに分けて提示します。これらはあくまで「たたき台」です。

図表22に示したとおり、ミニマムは情報量が最も少ない評価、プレミアムは情報量が最もリッチな評価の手法ということになります [150]。「ミニマムコース」は一番簡単で実行しやすいもの、「スタンダードコース」はミニマムコースにプラスαしたもの、「プレミアムコース」は最も充実した理想の混合評価の手法です。

ミニマムコース：最低限、ここまではやりたい！

　まず「ミニマムコース」は、非常に簡単で実行しやすく、コストもほとんどかかりません。そして、多くの組織ですでに部分的に実践されています。それは「研修直後アンケート」をとるということです[151]。このアンケートは、できれば、研修の翌日などではなく、当日、研修終了時に取得するのがよいでしょう。ミニマムコースではさらに一工夫を加えますが、まずは「研修直後アンケート」から見ていきましょう。

◉──「関連度」「有用度」「自己効力感」を問う

　第3章で見たように「研修直後アンケート」で評価するのは「反応（レベル1）」です。多くの場合「満足度」を訊くと思いますが、本書では「満足度」ではなく、「関連度」「有用度」「自己効力感」の3つを訊くことをおすすめします。シンプルに問うならば、次のようになります。

①関連度（Relevance）
　この研修は、自分の仕事に関連していると思う
②有用度（Utility）
　この研修は、自分の仕事に役立つと思う

---

150. Griffin（2014）は、Rae(2014)を参照し、研修評価の4つのレベルを紹介しています。
　　（1）何もしない
　　（2）最低限の評価：研修直後サーベイ
　　（3）中間の評価：1か月前と後に、サーベイかインタビューを行う
　　（4）完全な評価：統制群も用いた事前事後評価
　　この4つのうち、（2）がミニマムコース、（3）がスタンダードコース、（4）がプレミアムコースに近いといえます。
　（Griffin, R. (2014) *Complete Training Evaluation.* Kogan Page.）
　　Rae, L. (2014) Training Programme Evaluation (online)
　　https://www.businessballs.com/facilitation-workshops-and-training/training-programme-evaluation/ (accessed 7 September 2021)
151. 「レベル1：反応」の評価は約9割の企業で実施されています。（Noe, R. A. (2013) *Employee Training and Development.* Sixth Edition. McGraw-Hill.）

　この3問だけで結構です。これらの問いに肯定的に回答した受講者は、職場に戻ってからの実践度(転移)が高くなります。なお選択肢としては、5件法 [152] をおすすめします。以下、2つの例を示します。

---

152. 『授業評価活用ハンドブック』の中で、山地（2007）は、次のように述べています。「平均値や因子分析などの分析を行うためには、データの尺度水準という観点から、4段階以上が必要。通常4段階から5段階が使われる。両者の大きな違いは『どちらでもない』という回答を含むか否かである。日本では、5段階評定が圧倒的に多い。ただ、中心化傾向といって、3の『ふつう』に回答が集まりやすい。4段階だと、3以上を肯定的と扱うことができるが、一方で肯定回答傾向もあり、評定が肯定的に偏る欠点もある。4段階と5段階にそれほど大きな差はない。4段階評定と5段階評定の調査を、同じ授業群に対して実施したが、評定平均値の4段階と5段階の相関係数は、0.9をはるかに超えていた。そのため、4段階か5段階かによって得られる情報には、殆ど差が無いと考えてよく、どちらを採用するかは、最終的には好みで決めるので良い」とのことですので、私は好みで「5件法」を使っています。（山地弘起（編著）（2007）『授業評価活用ハンドブック』玉川大学出版部。）
　海外では、5段階評定が最もよく使われているそうです。（Griffin, R. (2014) *Complete Training Evaluation*. Kogan Page.）

【5件法の例①】[153]

5. あてはまる

4. ややあてはまる

3. どちらともいえない

2. あまりあてはまらない

1. あてはまらない

【5件法の例②】[154]

5. まったくそう思う

4. だいたいそう思う

3. どちらでもない

2. あまりそう思わない

1. ぜんぜんそう思わない

また、7件法の選択肢も参考までに載せておきます。

【7件法の例】[155]

7. 非常にそう思う

6. かなりそう思う

5. ややそう思う

4. どちらともいえない

3. ややそう思わない

2. かなりそう思わない

1. 非常にそう思わない

　繰り返しますが、この「関連度」「有用度」「自己効力感」の3問の平均値が高くなるほど、研修転移する可能性が高まります。5件法であれば、目安として、4.0以上となることを目指すのが望ましいと思います。

　そのためには、受講者の仕事と関連し、役立つような研修を設計しなければなりません。当然、受講者がどんな仕事をしているのか、どんな

153. 南風原朝和・下山晴彦・市川伸一 (編) (2001)『心理学研究法入門：調査・実験から実践まで』東京大学出版会. p.69を参照。

154. 田中敏 (1996)『実践 心理データ解析：問題の発想・データ処理・論文の作成』新曜社. p.222-223を参照。

155. 続有恒・村上英治 (編) (1975)『心理学研究法9 質問紙調査』東京大学出版会. p.259-261を参照。

職場環境に身を置いているのかを把握する必要があります。さらに受講者が「できる！」「やる！」と自己効力感を高めるような運営をしなくてはなりません。「この研修に参加して良かった」という満足度を高めようとすることとは、根本的にやることが変わってくるのです。

「関連度」「有用度」「自己効力感」の平均値が高かった場合、「先行研究の知見を参考にすると、この研修での学びは、現場で実践される可能性が高いと考えることができます。現場で実践するに値する、現場の役に立つ研修であったということです」と、ステークホルダーたちに自信を持って伝えることができます [156]。

◉──「学んだこと・得たこと」を書き出してもらう

このように「関連度」「有用度」「自己効力感」を訊いたうえで、「学習（レベル2）」を評価するために「学んだこと・得たこと」を自由記述してもらいます。

この研修で「学んだこと・得たこと」は何ですか？

研修内容の振り返りもかねて、受講者本人の言葉（フリーコメント）で「学んだこと・得たこと」を書き出してもらうのです。ここで書かれた内容は、他の受講者候補にとって「この研修に出ると、こういう学びがあるんだ」と、受講意欲を高める効果も持ちえます。フリーコメントで挙がった言葉を、テキストマイニングにかけることで、受講者にとって最も学びになったのは何かを可視化することなどもできます（図表24参照）。

---

156. 仮に「満足度」を訊いた場合、その平均値が高かったとしても、ステークホルダーへの説明に窮する場合があります。「みんなが満足している良い研修だったんですよ」「従業員が喜ぶ研修を提供しています」という言葉では、ステークホルダーたちの意思決定のための情報として不十分であることは、第3章で見たとおりです。

働きやすい
理解　わかりやすい　思う　考える　すごい　必要　忙しい
取る　上手　立場　質問　大切さ　明るい
コミュニケーション　観察　学ぶ　姿勢　行動　いく　分かる
強い　持つ　先輩　大切　見つける　気づく
出来る　共有　働く　主体的　学ぶ　教わる　聞く　もらう
何気ない　いい　重要
会社　学び　自ら　ocb　当事者意識　わかる　悪い
話やすい　よい　感じる　社会人
難しい　新入社員　積極的　社員　能動　意識　不安　大きい
意見　仕事
泥臭い　教える　研修　愛す　できる　多い　楽しい
気持ちよい　良い　大事　知る　行く
上手い

出典：ユーザーローカルの「AIテキストマイニング」を利用しています　https://textmining.userlocal.jp/

　また、「学んだこと・得たこと」に加えて、「活用場面」をフリーコメントで書いてもらうことで、受講者にとって「研修内容の現場活用」のイメージが湧きやすくなります。

> この研修で学んだことを、
> いつ、どんな場面で活用しようと考えていますか？

　この質問を入れておくと、数か月後などに実践度合いを確認する際(スタンダードコース・プレミアムコースで実施)にも、質問しやすくなります。「研修直後に想定した活用場面で、実際に活用しましたか？」と訊けるわけです。

　アンケートの順番としては、まずは定量的な数値で「関連度」「有用度」「自己効力感」を訊きます。次に、定性的なフリーコメントで「学んだ

こと・得たこと」と「活用場面」、最後に「意見・要望」を訊くという順番が、参加者の答えやすさの観点からも望ましいでしょう。

　図表25に研修直後アンケートの標準版を示しています。文言は自社に合わせて修正してください。一見すると「なんだか物足りないな」と感じるかもしれません。「せっかくの機会だからいろいろ訊いてしまおう」と思う気持ちはよくわかります。ただ、あまりに質問項目が多いと受講者が疲れますし、そこまでして取得したデータも、のちに活用できなければ意味がありません。必要最低限で、最大の効果を生み出すものとして「ミニマムコース」の研修直後アンケートをおすすめします。

●──PFSSで「自己効力感」を尋ねる

　標準版の質問項目とは異なりますが、「自己効力感」に関するアンケート項目としては、第3章で触れたタルハイマーの「PFSS（Performance-Focused Smile Sheets)」をもとにしたものもあります。ご参考までに紹介します。

　p128の図表26は、ある会社で「社内講師養成研修」を行ったときの「研修直後アンケート」の結果です（2019〜2020年）。このアンケートでは、PFSSに基づいて「自己効力感」を尋ねています。

　結果としては、「自己効力感」の低い受講者が2割、中くらいの受講者が6割、高い受講者が2割という割合になりました。いわゆる「2：6：2」という状態になったのです。実は、この結果は次の「スタンダードコース」で見ていく「現場実践度」とも関連が見えました。この点については、のちほど説明します。

●──研修終了後に「リマインドメール」を送る

　なお、ミニマムコースは「研修直後アンケート」だけで終わりません。研修転移を促すことが重要ですので、もう一工夫として研修終了後に「リマインドメール」を送ります。

あてはまる番号（5〜1）一つに○をつけてください。	全く そう思う	だいたい そう思う	どちら でもない	あまりそう 思わない	全くそう 思わない
1　この研修は、自分の仕事に関連していると思う	5	4	3	2	1
2　この研修は、自分の仕事に役立つと思う	5	4	3	2	1
3　この研修で学んだことを、自分の仕事で活用できると思う	5	4	3	2	1

フリーコメントでご記入ください。

4　この研修で「学んだこと・得たこと」は何ですか？	
5　この研修で学んだことを、いつ、どんな場面で活用できそうですか？	
6　その他、研修へのご意見等ありましたら、お願いします。	

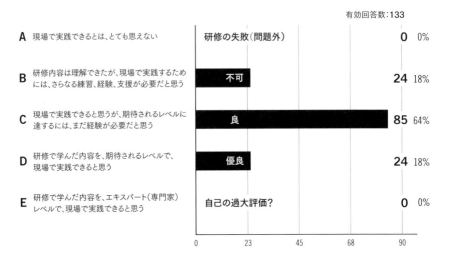

図表26 | **PFSSに基づいた「自己効力感」の質問例**

今回の研修で学んだ内容を、どのぐらい現場で実践できそうですか?

有効回答数:133

A 現場で実践できるとは、とても思えない　　研修の失敗（問題外）　　0　0%

B 研修内容は理解できたが、現場で実践するためには、さらなる練習、経験、支援が必要だと思う　　不可　　24　18%

C 現場で実践できると思うが、期待されるレベルに達するには、まだ経験が必要だと思う　　良　　85　64%

D 研修で学んだ内容を、期待されるレベルで、現場で実践できると思う　　優良　　24　18%

E 研修で学んだ内容を、エキスパート（専門家）レベルで、現場で実践できると思う　　自己の過大評価?　　0　0%

　研修翌日の午前中ぐらいまでに、①参加に対するお礼、②研修内容の復習、③現場実践の促進（研修直後アンケートに書いてもらった「活用場面」を引用しながら）をメールで送るのがおすすめです。

　こうすることで、研修内容のリマインド（思い出し）を行い、現場実践を強化するのです [157]。このリマインドメールを、研修翌日に一本送っておくと、その後の「現場実践度の確認」もしやすくなります。ついでに「数か月後に、再度メールし、現場実践度の確認をさせてもらいますね」と予告しておくのもよいでしょう。研修転移の実際は測定しないとしても、促す努力を行う。これがミニマムコースです。

157.　研修1か月後の転移状況が、1年後の転移状況を予測するという実証研究があります。（Axtell, C. M., Maitlis, S., & Yearta, S. K. (1997) Predicting Immediate and Longer-term Transfer. *Personnel Review*. Vol.26 pp.201-213.）この知見を参考にすると、まずは研修後1か月以内の現場実践（転移）を促すことに注力すると、1年後の転移にもつながってくるといえるのです。

スタンダードコース：研修転移を測定せよ！

　続いて「スタンダードコース」をご紹介します。スタンダードコースでは、ミニマムコースの「研修直後アンケート」＋「リマインドメール」に加えて、現場実践度の確認として「簡易アンケート」を実施します。

◉──「簡易アンケート」で現場実践度を確認する

「現場実践度の確認」といっても、そんなに難しいことではありません。受講者にメールを一本送り「簡易アンケート」に協力してもらうのです。「簡易アンケート」の内容としては、第3章で見た「SCM：サクセスケース・メソッド」を参考に、次の質問をします。

> あなたの研修後の状況として、あてはまるものを選んでください。
> ①研修で学んだことを、仕事で活用しなかった
> ②研修で学んだことを、仕事で活用し、良い結果が出た
> ③研修で学んだことを、仕事で活用したが、まだ結果は出ていない

　これで「数字（定量データ）」を把握できます。研修で学んだことを「活用したか？」について、「Noと答えた人（①）」と「Yesと答えた人（②③）」がそれぞれ何％いたのか、ということです。この「数字」の提示の仕方としては、第3章でも述べたように、シンプルな「円グラフ」がわかりやすいでしょう。

　さらに、フリーコメント（定性的なデータ）で、詳しく状況を掘り下げていきます。

　まず①と答えた人（活用しなかった人）には、「なぜ、活用しなかったのか？」「どんな支援があれば活用できたと思うか？」を訊きます。この質問により、研修後の受講者の状況、上司による仕事のアサインや支援、同僚との関係性、職場環境等が見えてきます。いわば「研修転移の

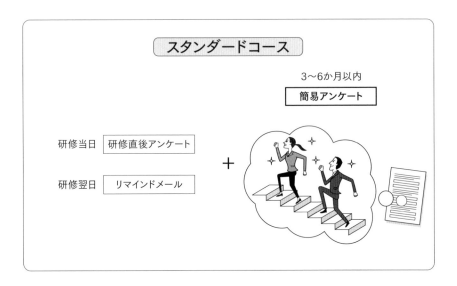

阻害要因」が浮かび上がってくるのです。これらの阻害要因は、ステークホルダーたちへの報告時にも必要になる重要な情報です。

　次に②と答えた人が、まさに「サクセスケース（成功事例）」です。研修での学びを「活用して、良い結果が出た」人なのですから。この人には「いつ、どんな場面で活用したのか？」「どんな結果が出たのか？」を詳しく深掘りしていきます。

　また、③と答えた人も、まだ結果は出ていないものの、学んだことを活用してくれたわけですから、「いつ、どんな場面で活用したのか？」「どんな結果が期待できそうか？」を訊きます。

　以上のように「スタンダードコース」では、SCM（サクセスケース・メソッド）をもとにした「簡易アンケート」で、研修後の「現場実践度の確認」を行います。図表28に簡易アンケートの一例を示します。こちらを参考に、自社に最もフィットするあり方を模索してください。

1. **あなたの研修後の状況として、あてはまるものを選んでください。**

　　①研修で学んだことを、仕事で活用しなかった

　　②研修で学んだことを、仕事で活用し、良い結果が出た

　　③研修で学んだことを、仕事で活用したが、まだ結果は出ていない

2. **①②③のそれぞれあてはまる設問にお答えください。**

　　①と答えた人に、お聞きします。

　・「活用しなかった理由」は何ですか？

　・「どんな支援があれば」活用できたと思いますか？

　　②と答えた人に、お聞きします。

　・「いつ、どんな場面」で活用されましたか？

　・「どんな結果」が出ましたか？

　　③と答えた人に、お聞きします。

　・「いつ、どんな場面」で活用されましたか？

　・「どんな結果」が出そうですか？

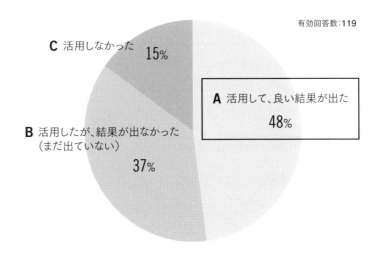

これまでの研修（第1～3回）で学んだことを、現場で活用しましたか？

有効回答数：119

C 活用しなかった 15%

A 活用して、良い結果が出た
48%

B 活用したが、結果が出なかった
（まだ出ていない）
37%

●──「自己効力感」と「現場実践度」の関係

　ミニマムコースで触れた「社内講師養成研修」では「第1～3回の研修で学んだことを、現場で活用しましたか？」という「現場実践度の確認」を行いました。図表29のグラフはその結果です。

　119人のうち、48%が「活用して、良い結果が出た」、37%が「活用したが、結果が出なかった」、15%が「活用しなかった」という結果になりました。約8～9割が活用し、約1～2割が活用しなかったということです。

　第2章で見てきたとおり、研修直後の自己効力感と、一定期間後の研修転移には正の相関を見てとることができます。立教大学経営学部中原研究室の協力[158]のもと、筆者の手持ちのデータを用いて「自己効力感」

158.　当時（2021年）立教大学経営学部中原ゼミの学部4年生であった久米佑哉氏にご協力頂きました。ありがとうございました。

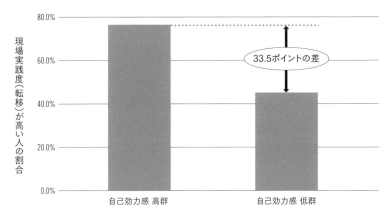

図表30 | 「自己効力感」と「現場実践度（転移）」の関係

研修で学んだことを実践するかどうか（転移するかどうか）は、自己効力感で決まる

現場実践度（転移）が高い人の割合

33.5ポイントの差

自己効力感 高群　　　　　　自己効力感 低群

N=115
X²(1) = 6.795, p<.01
Cramer'sV=.243

「自己効力感」「現場実践度」を5段階リッカートスケールで測定し、
上位2段階をそれぞれ、自己効力感 高群、現場実践度 高群とリコードした

と「転移」の関係を分析した結果を図表30に示します。

　グラフの横軸には、自己効力感の高い群と低い群が並んでいます。縦軸は、研修転移がなされた割合を示しています。このグラフから「研修終了時の自己効力感の高い群（左側）」のほうが、「研修が転移している」という関係があることがわかります。やはり、研修直後の「自己効力感」とその後の「現場実践度」は関係していると考えられます。

◉──現場実践度の確認は「3〜6か月以内」に

　では、この「現場実践度の確認」は、いつ行えばよいのでしょうか？

　本書では一つの目安 [159] として「3〜6か月以内」をおすすめします。何も働きかけなければ、日々の業務に追われ、研修内容は忘却の彼方に

159.　筆者の一人（関根）が見た限りでは、現場実践度の確認をいつ行えばよいかを明示した先行研究はありませんでした。ビジネスが一巡するサイクル、研修内容、繁閑の差（現場が忙しいときに答えさせるのは難しい）によって、現場での実践度をいつ問うかは変わってくるでしょう。

消えていってしまうでしょう[160]。そこで、3〜6か月以内に「リマインド（思い出し）」をかねて「現場実践度の確認」を行うのです。

すでに研修内容を仕事に活用してくれている人であれば、3〜4か月経つと、何らかの結果が出てきているかもしれません。SCMの項目でいうと「②活用して、良い結果が出た」と回答してくれるということです。仮に研修1か月後だと、まだ結果が出るには時間が足りず、SCMの「③活用したが、まだ結果が出ていない」という状況かもしれません。これらを踏まえ、「研修後3〜6か月以内」の確認をおすすめしています[161]。もちろん、この期間は自社のビジネスサイクルに依存します。

●─客観的な目線での情報収集を試みる

ただ、お気づきのように、ここまで説明した「現場実践度の確認」は、あくまで「自己評価」です。受講者本人に「活用していますか？」と訊いているので、主観的な評価です。本人は「活用している」つもりでも、周りから見ると「活用しているとは思えない」場合もあるでしょう。いわゆる「過大評価」の問題です[162]。

例えば、研修で「傾聴のスキル」を学び、本人はそのスキルを職場で活用し、傾聴しているつもりでも、周りから見ると「あの人、ほんと人の話を聞かないよね」と見られているような状況もありえます。

そこで、もし余力があれば「他者評価」も行い、受講者が本当に「活用しているのか」について、客観的な目線での情報収集を試みてくださ

---

160. カナダの企業258社で行われた調査では、研修を受けた従業員の47%が、研修で学んだ内容を職場で実践すると「研修直後」には考えていますが、「半年後」には12%、「1年後」には9%に減っています。(Hugues, P. D. & Grant, M. (2007) *Learning and Development Outlook: Are We Learning Enough.* Conference Board du Canada.)

161. 筆者の一人（関根）が行ったセミナー（2022年1月21日）でとったアンケートでは、N数は少ない（N＝11）のですが、教育スタッフの全員から「研修後6か月以内」の現場実践度の測定が適当であるという回答を得ました。

162. 「多面評価」「360度フィードバック」においては、他者同士（上司と同僚）の間には、評価に高い一致が見られるのですが、自己評価は、甘くなりがちという「過大評価」現象が起こりやすいのです。(高橋潔 (2010)『人事評価の総合科学』白桃書房.)

No.	質 問 項 目	他者評価の平均点		違い
		参加者	不参加者	
1	部下の自主性を重んじている	3.99	3.88	0.11
2	自分の組織のビジョンや将来像を部下に伝えている	4.23	4.15	0.08
3	部下の話をすぐに否定しない	4.00	3.92	0.08
4	……………………………	……	……	……
5	……………………………	……	……	……

い。その場合は、受講者に「現場でとってほしい行動（レベル3）」の明確化が必要です。それらの行動を受講者が現場でとっているのか、受講者の周りの他者に訊くのです。いわゆる「多面評価」や「360度フィードバック」と呼ばれるものです [163]。

　例えば、ある会社の事例では、既存の「360度フィードバック」の質問項目があり、それらを伸長させることを研修の目標として設定し、研修を設計・運営しました。図表31に結果の一部を示します。

　これらの項目は、受講者本人の行動（レベル3）として表現されています。外側に出る行動なので、他者から観察可能です。これらの行動を実際に行っているのかを、他者から評価してもらいました。そのうえで、

---

163. 「多面評価法」あるいは「360度フィードバック」は、行動変容をもたらす効果の大きい人材育成施策です。ただ、顧客の声が含まれて初めて「360度」と呼べるのであって、上司、同僚、部下等の組織内部構成員のみが回答する場合は、せいぜい「270度フィードバック」と呼ばざるをえないともいわれます。（髙橋潔（2010）『人事評価の総合科学』白桃書房.）

研修に「参加」した管理職と「不参加」の管理職の他者からの評点を比較したのです。その結果、わずかではありますが、研修に「参加」した管理職のほうが、いくつかの項目において、「不参加」の管理職よりも高い評点がついていました。

　このように「多面評価」や「360度フィードバック」を活用することによって、受講者が研修で学んだことを「現場で実践してくれているのか」を、客観的な目線で見ることができます。

◉─「事前調査」を付け加える

　以上のように、「スタンダードコース」では、研修3〜6か月後を目安に「簡易アンケート（自己評価）」や「360度フィードバック（自己・他者評価）」を用いて、「現場実践度の確認」を行います。もしここに「一品もの」を付け加えるとするならば、「事前調査」をおすすめします。

No.	質 問 項 目	他者評価の平均点		違い
		2017年	2016年	
1	自分の組織のビジョンや将来像を部下に伝えている	4.21	3.78	0.43
2	必要なコミュニケーションをとる機会を設けている	4.15	3.86	0.29
3	部下の良い点を認め、こまめに褒めている	4.11	3.85	0.26
4	…………………………	……	……	……
5	…………………………	……	……	……

　受講者の研修前の行動と研修後の行動を比較する、いわゆる「プレ・ポスト調査」を実施するのです。これは、第2章のコラムで触れた「実験モデル」の「事前・事後評価」にあたります。

　例えば、前述した会社では、「360度フィードバック」を毎年行っています。そこで、研修実施の前年度の結果を「事前調査」、研修後の当年度の結果を「事後確認」とし、その差を比較しました。すると、図表33に示したように、一部の項目に変化が表れていました。この結果を「研修の効果」として、ステークホルダーたちに提示したのです。

　このように「事前・事後評価」により、研修前後で受講者の行動に確かに差があることを示せると、「これは研修の効果といってよいかもしれない」と、ステークホルダーの納得感を得やすくなるのです。

プレミアムコース：現場の声を拾いに出かけよ！ 数字を押さえよ！

　最後に、本書で提案する混合評価のうち、最もリッチな情報量を持つのが「プレミアムコース」です。これは「スタンダードコース」にプラスして、現場での「生声（ナマゴエ）ヒアリング」を行うものです。よりフレッシュで、生々しい現場情報が手に入ることになりますので、ステークホルダーの興味関心をさらに喚起することでしょう。

◉─成功事例の「生声ヒアリング」

　プレミアムコースでは、前述の「スタンダードコース」の「現場実践度の確認」として行った「アンケートのフリーコメント」に代わるものとして、「②活用して、良い結果が出た」という「サクセスケース（成功事例）」の人たちに、直接、現場に出かけて話を聞きます。彼・彼女たちの「生声ヒアリング」を行うのです。この「生声ヒアリング」で聞き出すべきことは、次の3つです。

「研修内容を活用し、良い結果が出た」ということですが、

・どんな良い結果が出ましたか？

・その結果を、どのように出したのですか？

・その際に、研修内容を、どのように活用されたのですか？

　電話や面談、Web会議ツール等で、15〜30分ほど時間をつくってもらい、話を聞き出します。Web会議ツールであれば、ヒアリングの様子を録画しておき、次年度の研修等で「先輩受講者の生の声」という形で紹介してもよいでしょう。

　この「生声ヒアリング」こそが、研修がどのように現場で実践されているのか、現場の役に立っているのかの貴重な情報源となります。**現場**

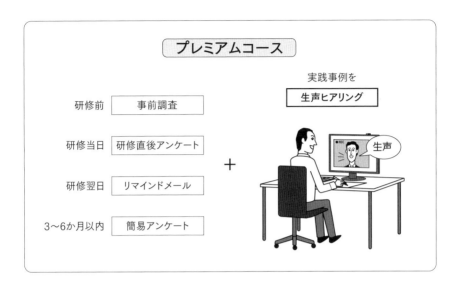

の従業員の「生の声」こそ、ステークホルダーたちが聞きたい言葉です。教育スタッフが「この研修は、現場の役に立っているんです。現場で活用されているんです！」と力説するよりも、実際の現場従業員からの「役立っている、活用している」という声を届けたほうが、当然ですが、説得力があります。生声ヒアリングの事例については、続く第5章でも紹介します [164]。

　この「生声ヒアリング」を行うと、実は教育スタッフ自身も元気になります。自分たちが、企画・設計・運営した研修が、本当に現場の役に立っているのか、不安に感じたり、自信を持てなくなったりするときも

164.　第5章の事例では「フォローアップ研修」で集まってくれた参加者に、前回の研修で学んだことを、現場でどう活用したのかの「生声ヒアリング」を行っています。仮に、参加者を再度集める「フォローアップ研修」が実施できるのであれば、それは研修内容のリマインド（思い出し）、研修内容の現場実践度の確認（生声ヒアリング）、そして、その後の現場実践の促進と、一石三鳥の機会となります。研修転移を促す方法としても「フォローアップ研修（＝再トレーニング Refresher Training）」は有効です。（中原淳・島村公俊・鈴木英智佳・関根雅泰（2018）『研修開発入門「研修転移」の理論と実践』ダイヤモンド社. を参照）

あるでしょう。そんなときに、実際に現場の方々から「いや、こんなふうに役立ったよ」「実際に結果も出ているよ」という生声をもらうと、教育スタッフのモチベーションにもつながります。

　自分たちが提供しているものが、相手の役に立っていることを実感できるのです。そんな実感があればこそ、ステークホルダーへの説明や、今後の受講候補者への紹介も、より熱のこもった説得力あるものとなるでしょう。こうして良い連鎖が生まれていくのです。

◉──「濃いストーリー」を描く

　最後に、この「生声ヒアリング」に一品追加するならば、手間暇はかかりますが、少数の受講者の「濃いストーリー」を描くことをおすすめします。A4用紙1〜2枚ほどの「物語」として、「研修前の受講者の状況」「研修後に受講者が出した結果」を描き出すのです。

　例えば、以下のような一連のストーリーです。

　食品メーカーA社に新卒で入社した佐藤さんは、4月の導入研修後、中部の営業支店に配属されました。上司や先輩は優しく親しみやすい人ばかりでしたが、新人は自分一人だけという環境で、悩みや困っていることを素直に打ち明けることができず、抱え込みがちだったそうです。先輩から引き継いだ営業先との関係構築に苦労する中、他支店の同期が活躍している話を聞いて、自分だけ成果を上げられていない、と焦燥感を感じることもありました。

　そんな中、入社半年後の10月中旬に、オンラインで新入社員フォロー研修が実施されました。半年間の経験や成長を振り返るとともに、悩みや課題を乗り越え、成長していくために必要な「周囲との関わり方」を学ぶという研修プログラムでした。

　この研修を通して、佐藤さんは、ネガティブな感情や状況を飾らずに伝えることの重要性を学んだそうです。不安なことや悩んでい

ることを自ら発信しない限り、上司や先輩はアドバイスや支援をしたくてもできないということに気づきました。研修後は、上司と先輩に定期的な面談をお願いし、そこで悩みや疑問について相談するようにしています。

　研修内のグループワークで、悩んでいるのは自分だけではないということに気づけたのも収穫だったといいます。他の部署で働く同期も同じような悩みを抱えていることを知り、少し気持ちが楽になるとともに、一緒に頑張ろうというモチベーションにつながりました。同じグループだったメンバーとは、研修後も定期的に近況を報告し合っています。

　上司・先輩への相談の機会を設定したことで、経験談や営業のコツを聞きやすくなりました。また、同期と情報交換をする中で、業務をうまく進める工夫やヒントを得られたといいます。そのおかげで、それまで悩んでいた営業先との関係性もぐっと良くなりました。営業先の担当者から「佐藤さんだから任せるよ」という言葉をもらったときは、思わず涙がこぼれそうになったそうです。来期は先輩が担当していた得意先を任されることも決まり、より一層、仕事に意気込んでいます。

　この「濃いストーリー」が「客観的な数字」とともにあることで、ステークホルダーの心を揺さぶるのです。「あー、あいつ、こんなに変わったんだ……」と。受講者の過去・現在・未来にまつわる濃いストーリーが、研修に対するステークホルダーの疑心暗鬼を解消するのです。

　この「濃いストーリー」を文章だけでなく「動画」で記録し、編集することも有効です。ステークホルダーへの報告のみならず、その後の研修受講者の募集（社内PR）や研修内でも活用することができます。これらの「濃いストーリー」の事例についても、続く第5章で紹介します。

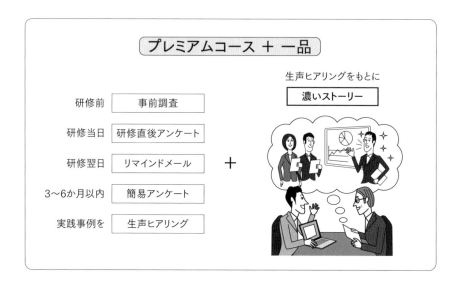

　以上、本書で主張する「混合評価」の具体的手法を「ミニマム」「スタンダード」「プレミアム」の3コースとしておすすめしてきました。

　あなたの組織なら、どのコースを選びますか？ [165]
　あなたは研修評価にどこまで時間とコストをかけられますか？

　これらを「たたき台」として、適宜カスタマイズしながら、自社に最もフィットする研修評価のあり方を見出し、実践してください。

165.　すべての研修評価を「プレミアムコース」にする必要は全くありません。教育スタッフの時間と労力、また、現場の協力が得られる範囲にも限りがあるでしょう。組織にとって、特に重要な研修（戦略との合致度が高い、経営層が注目している、管理職や幹部候補等の中核人材が対象である、現場実践を特に促したい）以外は「ミニマムコース」で十分かと思います。

2. 教育スタッフの仕事が変わる

ここまで示した「混合評価」を実践していこうとすると、教育スタッフとしての「仕事」や「役割」も変わってきます。ここからはそのポイントを確認していきます。

◉──仕事の進め方が変わる

これまでのように、研修直後に「満足度」や「NPS：ネットプロモータースコア（他者へのおすすめ度）[166]」を評価するなら、それらが高くなるような仕事の進め方をするでしょう。例えば、受講者にとって居心地の良い環境づくりであったり、研修中の楽しい雰囲気づくりであったりです。

端的にいえば、研修は「盛り上がれば、盛り上がるほど良い」ことになります。もちろん、それらも大切ですが、**今後、研修転移の概念を重視していくのであれば、より本質に迫った仕事をするべきです。**

また、研修を運営するのがプロの外部講師であれば、彼らは研修終了時のアンケートで、受講者が「満足度」や「NPS」を高く評価するような「持っていき方」[167]をします。評価されるものが「満足度」や「NPS」であるならば、そういう仕事の進め方をするのも当然でしょう。

この評価は、受講者にとっても間違ったメッセージを伝える可能性があります。「研修は自分が満足すればOK」「他の受講者に薦めたくなればOK」と。これらのメッセージは「研修内容」や「研修受講環境」と

---

166. 研修直後アンケートの改訂を試みているタルハイマーは「NPSを、マーケティングに使うのは正しいが、研修の評価に使うのは愚かである。受講者による推薦は、研修の効果と関係しない」と断じています。（Thalheimer, W. (2016) *Performance-Focused Smile Sheets: A Radical Rethinking of a Dangerous Art Form.* Work-Learning Pr.）ただし、研修受講者数を増やすための「社内マーケティング」という目的で使うのであれば、NPSは一つの選択肢となるでしょう。

167. 一例として、研修の振り返りで「学んだこと・気づいたこと」というポジティブな意見が出やすいものを考えさせ、グループ内で共有し、一人が発表するごとに拍手をさせ、全体として「この研修は学びが多く意義あるものだった」という雰囲気をつくったうえで、研修直後アンケートを書かせる等の方法があります。

いった提供サービスに目を向けさせ、受講者に、サービスの「消費者気分」を引き起こし、「他人事感」を芽生えさせる恐れもあります。

それに対して、本書で推奨する「自己効力感」を問う場合には、受講者の目線は「自分」に向かいます。「自分は、この研修を活用できるのか？（Can I ?）」「活用するのか？（Will I ?）」と、当事者意識が生まれることになるのです。

また、「関連度・有用度」を問うなら、受講者の仕事に関連し、そして、彼らの仕事に役立つ研修を企画・設計・運営しなければなりません。そのためには、受講者が置かれている職場環境、行っている仕事など、「現場を知る」ことが、教育スタッフには求められます。

このように、研修終了時のアンケートで、これまで用いてきた「満足度」や「NPS」に代えて、「自己効力感」「関連度・有用度」を評価することによって、教育スタッフや研修ベンダーの仕事の進め方が変わってくるのです。

さらに、「転移（現場実践）」こそ重要と考えるなら、それを実現するために、現場との関わりが増えてくるでしょう。受講者のみならず、彼らを送り出す上司である現場マネジャーとも関わる必要が出てきます。「いやー、忙しい現場にこれ以上負担をかけられない」「現場と関わるのはちょっと……」と二の足を踏む教育スタッフもいるでしょう。しかし、研修の転移（現場実践）を本気で行っていくならば、現場（ライン）との関わりは避けて通れません。**教育スタッフの仕事は、現場を支援することのはずです。**

前述したように、**研修という人材開発施策そのものでは、成果・業績には直接効果を生み出せません。現場で働く方々の行動があってこそ、成果・業績が生み出されるのです。**私たち教育スタッフが働きかけられるのは、彼らの行動に対してだけです。であるならば、現場との関わりは、必須となります。現場との具体的な関わり方については、第6章を参照ください。

●──教育スタッフも営業活動を行う

「教育スタッフの仕事として何をなすべきか」という問いに対して、「社内における営業活動」というメタファ（比喩）を用いて考えることもできます [168]。すなわち、教育スタッフの仕事は、自分たちの提供サービスである研修という企画を通し、運営させてもらう。さらに、総括的評価を通じて、ステークホルダーたちの納得を得て、研修を継続（リピート受注）してもらうことと捉えられます。

もし教育スタッフも「営業活動」をしているとするならば、営業として、①相手を知りつつ、②プロセスに巻き込むことに注力しなければなりません。また、③研修後の御礼と報告も非常に重要です。

①相手を知る

営業ならば、提供サービスを買っていただく相手として、ステークホルダーのことを知る必要があります。営業においては、相手の「現状と目標」を知ることが鍵です。なぜなら、研修という提供サービスは、課題解決の手段の一つであり、課題解決とは「現状と目標の差」を埋める行為だからです。そこで、**営業としての教育スタッフは、ステークホルダーが考える「現状と目標」が何かを知る必要があります。**

まず、「**現状**」とは、今の組織の状況です。一つは、外部環境として、市場や業界の中で、自組織が置かれている状況を把握します。そして、内部環境として、現場の事業が何をしているのか、現場の従業員の状態はどうなのか、を見ていきます。

次に、「**目標**」とは、**組織が目指す状態**です。経営層は、どういう方向性を目指しているのか、ビジョンや戦略は何か。現場の各事業で目指している状況は何か。人事教育部門としての重点施策は何か。それらの「目標」と「現状」との間に差があるとすれば、その理由が「課題」に

---

168. 政治的行動とも称されます。

なります。

　例えば、従業員の年間離職率を「現状」の15％から、5％という「目標」まで下げたいと、ステークホルダーが考えているとします。教育スタッフは、なぜこの差が生まれているのか、その理由を考えます。**理由は複数考えられるはずです。まずはそれらの理由（課題）を、考えられる範囲で列挙します。「課題はすべてテーブルに並べる」**ことが、課題解決の鉄則です。

　離職率が下がらない理由としては、採用時点での適正人材の見極め不足、人材配置の失敗、受け入れ態勢の不備、上司・先輩の関わり不足、仕事と本人の適性不一致等、さまざまな課題が考えられるでしょう。まずは、これらの理由（課題）を列挙したうえで、それぞれに対する解決策を考えます。

　研修はあくまでも解決策の一手段ですから、他の手段にも目配りをする必要があります。そのうえで、現状と目標の差を埋める課題解決の手段として、まずは研修を行うことの優先順位が高ければ、それをステークホルダーと合意していくのです（ただし、研修は「従業員の行動変化」によって解決できる問題にしか使えません）。

　ステークホルダーとしての現場マネジャーや経営層の巻き込み方については、第6章・第7章を参照ください。

②プロセスに巻き込む

　教育スタッフによる営業活動において重要なのは、**プロセスから巻き込んでいくことです。これは、新たに研修を企画したり、既存の研修を修正したりしていく際に必要になります。**

　ステークホルダー（経営層や現場マネジャー）からしてみると、教育スタッフから完成した研修をいきなり提示され、「これを展開するのでご協力ください」といわれても、協力する気にはなりにくいでしょう。

　それよりも、研修を企画する段階の、「なぜ、その研修を行う必要が

あるのか？」「やるとすれば、どんな研修にすると良いのか？」等を考えるプロセスから絡めたほうが、気持ちよく協力したくなるでしょう。もちろん、すべてのステークホルダーを巻き込むことはできませんが、その後の現場実践も踏まえて「この人とこの人は、企画段階から巻き込んでおいたほうが良い」というのは、どの組織においてもあると思います（特に「うるさ方」といわれる人や、現場で「一目置かれている」人などです[169]）。

　研修の「関連度・有用度」を高めるために、現場マネジャーや受講対象者の話を聞きながら、研修設計のプロセスに巻き込んでいきます。**現場での「あるある事例」や、現場での「苦労」、それに対する「工夫」といった生の声を引き出し、研修設計に活かしていくのです。**「今回の受講対象者なら、こういう話をしたほうが刺さると思う」「こういう事例は、現場ではよくある」といった助言を受けつつ、研修を組み立てていきます。そうすると、こういう設計段階で関わってくれた受講対象者や現場マネジャーは、研修中にも肯定的な意見を言ってくれたり、現場実践で協力的な姿勢を示したりしてくれるのです。

　完成した研修を押しつけるのではなく、企画・設計段階のプロセスから巻き込み、現場実践の協力者たちを得ていくことが重要です。いわば、その研修の「味方」をつくっていくのが、教育スタッフの営業活動なのです。

③研修後の御礼と報告

　営業として忘れてはならないのが「研修後の御礼と報告」です。企画・設計のプロセスから関わってくれた人たちに対して、その研修がどうなったのか、受講者の反応はどうだったのか等を報告し（ここでも研修直

---

169. 組織の熟達者に対してヒアリングし、その内容をもとに研修を設計することで、受講者の現場実践度・転移に影響するという知見もあります。（Fowlkes, J. E., Salas, E., Baker, D. P., Cannon-Bowers, J. A., & Stout, R. J. (2000) The utility of Event-based Knowledge Elicitation. *Human Factors.* Vol.42 pp.24-35.）

後アンケートが役立ちます）、感謝の気持ちを伝えます。

　こうした報告や御礼をしておくと、その後の「現場実践度の確認」を依頼しやすくなったり、「総括的評価」を行うときの味方になってくれたりします。忙しいとついつい忘れがちなのですが、優秀な営業担当者はこういう地道なことをおろそかにしません。教育スタッフが営業から学べる点は多々あると思います。

　教育スタッフを仮に「営業」というメタファで説明するならば、データはとりながらも、なるべく早く小出しに報告して、ステークホルダーに興味や理解を持ち続けてもらうことが重要です。すべてのデータが出揃ってから持っていくと、その研修を「続けるか、止めるのか」という評価場面になることも少なくありません。むしろ、アンケートやヒアリングの結果をこまめにメールで共有するなど、データを用いてステークホルダーの理解と信頼を普段から高めておくことが重要です。

　以上、第4章では、混合評価の具体的な進め方として「ミニマム」「スタンダード」「プレミアム」の3つのコースを紹介してきました。そして、混合評価を進めようとすれば、教育スタッフの仕事の進め方も変わることを説明しました。

　読者の皆さんは、どのように仕事を進めたいですか？

まとめ

　第4章では、混合評価の具体的な進め方を紹介しました。比較的簡単に取り組める「ミニマムコース」、数か月後に現場実践度を測る「スタンダードコース」、現場の生声（ナマゴエ）を盛り込む「プレミアムコース」の3つです。混合評価を進めようとすれば、教育スタッフの仕事の進め方も変わることになります。

1. 混合評価の3つのコース

①ミニマムコース：

　「研修直後アンケート」と「リマインドメール」

②スタンダードコース：

　現場実践度（転移）を訊く「簡易アンケート」をプラス

③プレミアムコース：

　現場の物語を拾い上げる「生声ヒアリング」をプラス

2. 教育スタッフの仕事が変わる

・「満足度」ではなく「自己効力感」を高める研修を行う

・ステークホルダーたちを巻き込む「営業」活動を行う

CHECK POINT!!

　本章での学びを現場での実践につなげるために、次の点をチェックしてみましょう。

☐　時間と労力をかけて混合評価を行うべき研修はどれですか？

☐　その研修に対して混合評価のどのコースで取り組みますか？

☐　教育スタッフとして、ステークホルダーを巻き込んでいますか？

研修評価は、教育スタッフの「内省」機会

◉—「外部評価」と「内部評価」

　評価には、外部の有識者によって行われる「外部評価」と、実際に施策を企画運営した内部者による「内部評価」の2つがあります。

　企業研修の場合、研修の評価を外部に依頼するというよりも、研修を実施した当事者（教育スタッフや研修ベンダー）が行う内部評価がほとんどでしょう。その場合「自分でやった研修を、自分で評価する」わけですから、どうしても甘い評価になりがちです。

　実際に、内部評価には「利益相反」の危険性があり、本来は外部評価が望ましいとする論もあります [170]。かといって、外部の有識者を集め、厳密な評価を行うとなると、費用も手間暇もかかります。

◉—教育スタッフの「経験学習」

　それでは、研修評価を内部者が行う意味を、どう捉えればよいのでしょうか？　その一つとしてあるのが、**研修評価を「内省機会」として考える**という案です。ずっと走ってきたところを、いったん立ち止まって振り返る。「はて、この研修で良かったのか？」

---

170. 佐々木亮（2020）『評価論理：評価学の基礎』eBook版. 多賀出版. を参照。

「この研修は現場の役に立っているのか？」「現場で使ってもらえているのか？」を、いったん立ち止まって、検証するのが、内部評価の意味ではないでしょうか。

　人材開発の重要な基礎理論である「経験学習」では、いったん立ち止まって振り返る「内省」が重視されています [171]。であれば、内省機会である「研修評価」も、組織における教育スタッフの「経験学習」といえるのではないでしょうか。つまり、「研修評価＝内省機会＝教育スタッフの経験学習」という図式になります。あなたは、教育スタッフとして、他人に内省せよと迫っています。あなたは、自ら内省していますか？

171.　松尾睦（2011）『職場が生きる 人が育つ「経験学習」入門』ダイヤモンド社.を参照。

第5章

これからの研修評価の実践例

第5章では、ここまで述べてきた「混合評価」の実践事例を紹介します。混合評価へと舵を切り始めた、三井物産人材開発株式会社、株式会社TKC、株式会社吉野家ホールディングスの3社の事例です。

まず、各社で実施された研修の概要を示します。続いて、混合評価の観点から各社の取り組みを詳しく見ていきます。そして、前章で論じた方法論（コース）に照らし合わせ、そのポイントを解説します。また、参考として、サクセスケース・メソッドで描く「物語」の例を示します。各社の事例と解説を通して、自社に「混合評価」を取り入れ、実践していくためのヒントを得ていただきたいと思います。

1 三井物産人材開発株式会社

初めに、三井物産人材開発株式会社における『経験学習セッション』の評価事例を見ていきます。三井物産人材開発は、三井物産およびそのグループ各社を対象とした人材開発・組織開発の会社として2005年に設立されました。研修・ワークショップ・サーベイの企画や開発、運営等を通じて、グローバルな人材・組織開発に関わる業務全般を行っています。三井物産人材開発は、「サイエンスと思いやりで人の成長を支援する」というスローガンを掲げており、理論に基づいたさまざまな研修の提供を通じて、「挑戦と創造」という価値観を体現する人材や組織づくりを支えています。

ここからは、三井物産人材開発が「経験学習理論の重要性」に注目し、「3年目研修」の軸に据える様子を見ていきましょう。

1. 研修の概要 【3年目研修 経験学習セッション】

　ここではまず、三井物産人材開発が実施した『経験学習セッション』の概要と企画者の思い、参加者の声を見ていきます。

研修の概要

目的	Why	日頃の業務をきちんと振り返り、経験から学びを生み出す方法を習得するために、「経験学習サイクル」の考え方を理解し、現場で実践できるようになる。
対象	Who	3年目社員
内容	What	経験学習セッション（3年目研修の1コンテンツ）
時期	When	入社3年目の9月
場所	Where	三井物産株式会社人材開発センター
方法	How	経験学習理論に基づき、「組織の現状理解」「これまでの経験の振り返り」を行ったのちに、先輩社員をアドバイザーに迎えて「自分たちのありたい姿」を深く議論する。

企画者の思い

宮下公美さん（三井物産人材開発株式会社 人材開発部）

　三井物産の「3年目研修」は、日常を離れた場所として、静岡県の湯河原で2泊3日の日程で行われます。ここで取り上げる『経験学習セッション』は、その研修の一環として実施されたものです。本研修の企画者である宮下氏は、研修実施の背景として、経験学習が、社員が現場で成長するカギを担っているという仮説を持っていました。この仮説は、優秀な人材は、放っておいても仕事上の経験を通じて成長する、という考えに基づいています。それならば、仕事上の経験から学ぶメカニズムを知ることで、一人ひとりが成長の「燃費」を高め、自分で育つことができるのではないか、と考えたのです。

　宮下氏は「経験学習サイクルを回している人、行動改善を意識している人が、自分で育つことのできる人＝自律的な人なのではないか」という仮説を検証するため、『経験学習セッション』実施後、研修受

講者にインタビュー調査を実施し、その後の感情や行動の変化を追跡しています。具体的には、受講者約130人の中から、特に経験学習サイクルを効果的に回していると思われる受講者5人にインタビューを行いました。

そのうえで、「研修を良質化すること」を目的として、それらの事例を掲載したハンドブックを作成しました。このハンドブックは、その後も継続的に実施している『経験学習セッション』において使用しています。ハンドブックを手にしながら研修に参加する受講者からは、「先輩の声が聞けてとても参考になった」「インスパイアされた」などの声が多く上がっています。

宮下氏は「経験学習を通じて、自分で育つことのできる、自律的な人材が育ってほしい」と考えています。研修での「OFF-JT」と現場での「OJT」の相乗効果により、成長を加速させる狙いです。

参加者の声

Hさん（三井物産株式会社）

今回、上記のハンドブック作成の際にインタビューを行った「経験学習サイクルを上手に回している」5人のうちの1人、Hさんに改めてお話を伺いました。Hさんは「3年目研修」で『経験学習セッション』を受講したことが一つの転機になったと語っています。

Hさんによれば、今回のインタビュー依頼があったことで、自分がこれまで何をしてきたかを改めて振り返る良い機会になったということでした。「（研修を受講してから）2年間経過しているが、経験学習サイクルは回している」ことを再確認できたそうです。

ここからは、Hさんが『経験学習セッション』で学んだことを実践し続けるために工夫していることを見ていきましょう。以下、第3章で提示したSCM（サクセスケース・メソッド）のフォーマットを参考にインタビューを進めます。

——研修を受講する前、「経験学習」という言葉を知っていましたか？

H：研修受講前は知りませんでした。今思うと、研修前は思考の整理の仕方がわからなかったのだと思います。研修を受講する中で「経験学習シート」というフレームワーク（図表36）を知り、感情の変化やモヤモヤしたものを可視化・言語化できるようになりました。

　研修受講後、まずはマインドセットが習慣づきました。日々の経験を振り返ることや、やることのリスト化がフレームワークで行いやすくなりました。また、ストーリーテリング力が上がりました。相手に共感することや、自分の言葉で伝えることを学ぶことができました。

　研修で学んだことの一つに、感情の棚卸しがあります。学んだことを自分なりに咀嚼して、「エモーショナルジャーニー・エクササイズ」を考案しました。「感情マップ」として自分の感情の変化を視覚化するというエクササイズで、キャリア全般を俯瞰した振り返りのためのツールとして活用することができています（図表37）。

——『経験学習セッション』で学んだことを、現在、どのように仕事に活かしていますか？

H：研修では「内省」の大切さを学びましたが、それをもとにして「プ

図表36 | **経験学習シート**

事実の確認 そのときの状況、自分の行動、他者の行動など事実を客観的に記述してください	どのような出来事が起こったのか?
感情の確認 出来事が起こったときの自分の感情を記述してください	どう感じたのか?
分析・評価 出来事および結果の原因や、良かった点・悪かった点を記述してください	出来事をどのように理解し、評価するか?
教訓 その出来事から得られた教訓や気づきを記述してください	その出来事から学ぶべきことは何か?
アクションプラン 得られた教訓を、どんな場面や状況で応用しようと考えているかを記述してください	得られた教訓をどのように活用するのか?

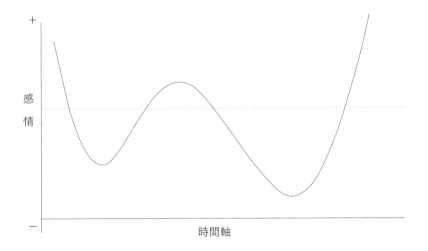

レミアム・リフレクションタイム」というものを実施しています。毎月最終金曜日に同僚1〜2人とオンライン（Zoom）で集まり、お互いにうまくいったことや、うまくいかなかったことをリフレクション（振り返り）する時間を設けています。

　フレームワーク（図表36：経験学習シート）に当てはめながら、お互いに経験や気づきを埋め合う作業をすることは、自分の状況を測るための良い機会になります。最近はあまり使用できていないという反省もあるので、再度フレームワークを用いながら、お互いに問いかける形で続けていきたいですね。

　また、経験学習では、例えば、1年後に自己評価できるように、ネクストステップとしてのゴール設定をするということが一番大事だと思っています。そのうえで、定量化できない部分をどう定性化するかを考えて、3か月後の自分に向けて手紙を書くといったこともしています。そうした取り組みが自分の成長の評価軸になると思います。

——今回のインタビューで2年前を振り返ってみていかがですか？

H：インタビューのお話をいただき、研修からこれまでを振り返るために、改めて「エモーショナルジャーニー・エクササイズ」に取り組んでみました。研修後、2年間経過していますが、経験学習サイクルを回していることを再確認できました。

　その理由として、「3年目研修」でのグループワークにおいて、経験学習シートをもとに、自分たちなりに視覚化しやすいフレームワークを作成したことがありそうです。そのことが強く印象に残っているからこそ、経験学習を忘れていないのかもしれません。今指導している新入社員や部下にも、「プレミアム・リフレクションタイム」を利用して、これらの経験や取り組みを伝えてあげたいと改めて感じました。

2. 研修評価の事例

　三井物産人材開発の事例において、混合評価の観点から特筆するべきポイントは下記の2つです。

①研修半年後に「生声ヒアリング」
②「経験学習ハンドブック」の作成

以下、それぞれ見ていきましょう。

①研修半年後に「生声ヒアリング」

　三井物産人材開発の佐々木孝仁人材開発部長（以下、佐々木部長）は、経験学習ハンドブックについてお伺いした際に、下記のように述べてくれました。

"受講者5人に対するインタビューは、レベル3の行動を評価することを通して、転移を促しているともいえるかもしれませんね。インタビューを通じて『経験学習セッション』が「転移」したと感じています"

　これはまさしく第1章で論じた評価の「リマインド機能」を体現しています。研修から半年後に聞き取り調査（インタビュー）を実施することが、受講者（インタビュイー）自身の研修内容の振り返りの機会となって、転移が促進されていることがわかります。

②「経験学習ハンドブック」の作成

　今回の『経験学習セッション』を通じて、最大の評価事例といえるのは「経験学習ハンドブック」の作成です。もともとは「研修を良質化すること」を目的に作成されたハンドブックですが、作成過程のインタビューこそがこれからの研修評価になっているのです。

　佐々木部長は、ダイヤモンド・オンラインのインタビュー[172]の中で、「経験学習理論を理解すれば、私たちはより高い専門性を持って研修を企画できる支援者になれると思い、大学との共同研究という形で勉強させてもらうことにしたのです」と語っています。そこでの共同研究を踏まえたものがハンドブックに落とし込まれています。

3. ポイントの解説

　ここからは、それぞれの事例を、第3章で示した「新モデル」と第4章で示した方法論（コース）に照らして見ていきましょう。

　まず、**研修半年後に「生声ヒアリング」**ですが、研修受講後に、特に経験学習サイクルを効果的に回している受講者にインタビューを実施す

---

172. 入社「3年目社員」のモチベーションを上げていく方法とは？
　　　https://diamond.jp/articles/-/274008/

るというのは、「サクセスケース・メソッド（成功事例手法）」に通じる
ものです。このインタビューを活かした「経験学習ハンドブック」の作
成は、経営層の納得感を生むための効果的な研修評価になっています。

　また、ハンドブックが次の年以降の「3年目研修」のテキストとして、
受講者の納得感や刺激につながっていることも注目すべきポイントで
す。『経験学習セッション』を受講した先輩たちの成功事例を身近に感
じることで、後の受講者が「自分にもできるかも」という自己効力感を
持つことに寄与しています。自己効力感が現場実践を促すことはすでに
述べたとおりです。

　ハンドブック作成までの一連の流れは、第3章の「新モデル」に照ら
すと、【①成果（レベル4）につながる行動（レベル3）の明確化】および
【②行動（レベル3）の測定】に通じるものです。

「若手の成長においては、経験学習がカギである」という仮説から始ま
った経験学習受講者へのインタビューは、佐々木部長の「『仕事で経験
したことを振り返って、そこから学びを抽出し、次の経験に生かす』と
いう経験学習サイクルを回しながら、雪だるま式に成長していくのが、
社会人である『大人の成長』です」[173]という思いにも合致しています。

　そして、『経験学習セッション』受講者の「ストーリー」をヒアリン
グし、ハンドブックに掲載するという取り組みは、まさしくサクセスケ
ース・メソッドにおける「物語の提示」です。その後の研修におけるハ
ンドブックの活用は、【③学習目標（レベル2）の設定】といえます。

　以上、本研修における研修評価事例として、①研修半年後に「生声ヒ
アリング」、②「経験学習ハンドブック」の作成、についてポイントを
解説してきました。これらを第4章で示した「プレミアムコース」に照

173.　部下の感情に寄り添い、仕事の成長を促していく上司とは？
　　　https://diamond.jp/articles/-/274007/

らし合わせてみると、①研修半年後に「生声ヒアリング」はそのまま「生声ヒアリング」に、②「経験学習ハンドブック」の作成は「濃いストーリー」に当てはまります。自社で使えそうなものはあるでしょうか。

4. サクセスケース・メソッド：Hさんのストーリー

　ここからは、Hさんへのインタビューをもとに、サクセスケース・メソッドのフォーマットに従い、Hさんの研修受講前後の変化と組織へのインパクトを念頭にストーリー化してみます。SCMのフォーマットとは、「研修前・研修中・研修後」の3つの時期において、

　（1）研修前の受講者の状態
　（2）研修中の出来事や研修で得たもの
　（3）研修後の受講者の状態

を描いていくというものでした。以下、見ていきましょう。

【Hさんのストーリー】

　Hさんは、「3年目研修」受講前に、出向先で自らがプロジェクト・オーナーとなり、新規事業を立ち上げることになりました。社外パートナーとプロジェクトを組み、ビジネス戦略のプレゼンテーションを行いましたが、取締役会で承認されず、悔しい思いをしたそうです。次にどうすればよいのかを考えつつも、モヤモヤした感情が自分を包んでいることも感じていました。

　そんな折、『経験学習セッション』を受講する機会が訪れました。経験学習サイクルを回すためには、自らの経験を振り返り、次の機会に適用すること、また、周囲との「つながり」を大切にすることを学びました。

受講後は、研修で学んだことを活かし、自分一人で抱え込まず、周囲の知見を取り入れることや、上司とのコミュニケーションをより密にとることを心がけました。そして、再度臨んだプレゼンテーションは、取締役会で承認され、次のステップに進むことができたのです。

　Ｈさんはコロナ禍の影響で東京からリモートでアメリカのチームと仕事をしています。時差の関係もあり、チームメンバーとのやりとりは、オンラインミーティングに加え、Slackやメールを活用しているそうです。メンバーの顔が見えないときは、簡潔に、しかし冷たい文面にならないように、絵文字を使ったりしながら、気持ちがより伝わるやりとりを心がけています。

　現在の上司からよくいわれることは、「事実と主観を分けて物事を説明すること」とＨさんは語ります。その対応策として、まずは事実を把握し、その後に自分の感情を俯瞰するために、『経験学習セッション』で学んだフレームワークを使って可視化することを心がけているそうです。

　また、メインの仕事はもちろんのこと、後輩とのfika [174] にて、健康を気づかったり、悩みを聞いたり、輝きをキープできるようなサポートも自分の役目だと思っています。Ｈさん曰く「人材育成のスキルに興味があることを明確化できたのも、これまで受講した研修のおかげです」とのことです。

　以上、Ｈさんへのインタビューをもとに、簡単なストーリーを作成しました。フォーマットを参考にインタビューを進めれば、簡単に、楽しみながらサクセスケースを描くことができます。ぜひご活用ください。

174.　fika（フィーカ）とは、スウェーデンの生活慣習で、休憩をとること、主として、同僚、友人、恋人または家族とコーヒーを飲む時間のことをいいます。

2 株式会社TKC

　続いて、株式会社TKCの研修評価事例を見ていきます。TKCは昭和41年（1966年）に創業。以来一貫して、主に会計事務所と地方公共団体の2つの分野に専門特化した情報サービスを展開しています。税法・会社法・民法・行政法など、法律と深く関わりながら社会的責務を全うする税理士、公認会計士および地方公務員の業務遂行を、情報テクノロジーを媒体にして支援している会社です。

　TKCでは、毎年100人前後の新卒社員を採用していますが、コロナ禍において、新人研修の延期による教育不足が課題となりました。ここで紹介するのは、それを補うため、従来の1年目社員研修に連動させる形で、今まで行ってこなかった2年目社員研修を実施した事例です [175]。この研修では2つの研修を連動させる仕掛けとして、半年間で集合研修を3回実施し、研修のインターバル期間にチーム活動を取り入れるといった工夫がなされています。

　筆者らが提供したフォローアップ研修としての位置づけである「プレゼンテーション・スキル研修」を軸に、1年目社員研修と2年目社員研修との連動がどのように作用したのかを見ていきましょう。

1. 研修の概要 【プレゼンテーション・スキル研修】

　ここではまず、TKCが実施した「プレゼンテーション・スキル研修」の概要と企画者の思いを見ていきます。

---

175. コロナの影響により、新入社員研修を十分に施せなかったため、それを補うために、2年目社員にも1年目社員とほぼ同じ研修プログラムを実施しました。

目的	Why	基本的なプレゼーション・スキルを学ばせ、体系だったプレゼンテーションができる社員を養成する。
対象	Who	1年目社員・2年目社員
内容	What	プレゼンテーション・スキル研修＋現場実践
時期	When	7〜10月
場所	Where	オンライン研修
方法	How	**研修**：具体的なプレゼンスキルを講義で学んだ後、グループワークでプレゼン練習を行う。 **相互プレゼン**：研修1〜2か月後に、①2年目社員が1年目社員に対してプレゼンを実施し、日程を改めて、②1年目社員が2年目社員に対してプレゼンを実施する。テーマは「会社紹介」。 **役員プレゼン**：相互プレゼンの後、1年目社員には執行役員・部門長に向けてプレゼンを披露する場を設ける。

企画者の思い

田中康義さん（株式会社 TKC 執行役員）

　本研修は、TKCの執行役員である田中康義氏からご相談をいただき、筆者らが企画段階から関わったものです。

　コロナ禍の折、TKCでは2020年度入社の2年目社員およそ90人が対面で集まる機会に恵まれませんでした。そこで、同期としての関係性を醸成してもらおうとオンライン研修を企画します。この研修の特色は、この2年目社員への学びを提供するうえで、2021年度入社の1年目社員研修との連動を試みたところにあります（図表38）。

　インターバル期間も含めて半年間、1年目社員と2年目社員に対して継続的かつ連動した研修を実施していきます。同期間の仲間意識を醸成することはもとより、コロナ以前にはなかった先輩・後輩のつながりを持てる場をつくることが、この研修の狙いの一つでした。

　この研修では、学んだことの実践＝実際にプレゼンをする場をつくることに重きを置き、1年目社員と2年目社員の間で「相互プレゼン」

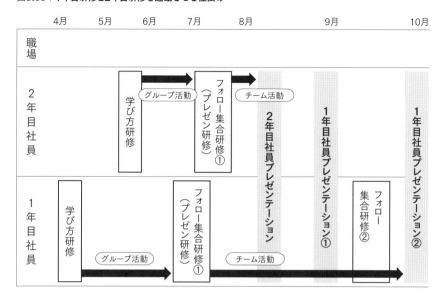

を実施しました。具体的には、プレゼンテーション・スキル研修の1〜2か月後に、まずは2年目社員が1年目社員に対してプレゼンを行い、日程を改めて、今度は1年目社員が2年目社員に対してプレゼンを行うという仕組みです。さらに1年目社員には、その後、執行役員や部門長へのプレゼンの機会も設けています。

　この研修のカギを握るのは、インターバル期間中のチーム活動です。研修やプレゼンごとに振り返りを行い、経験学習サイクルを回すことが非常に重要です。田中氏は学びの場における「経験学習」を大事にしており、研修受講者への講話でも、その大切さを伝えていました。

　相互プレゼンの場に関して、1年目社員からは「最初に2年目社員のプレゼンを見せてもらったのはとても刺激になった」といった声が上がりました。また、2年目社員には、1年目社員へのプレゼンの際「後輩に下手なところは見せられない」という責任感が芽生えた様子も見受けられました。そして、当然ながら、執行役員や部門長へのプレゼ

ンをするという機会は、彼・彼女らからのフィードバックも含めて、1年目社員にとって良い学びになったようです。

　教育スタッフの方にプレゼンの様子をお伺いしたところ、次のように語ってくれました。

"1年目と2年目は、意外と遠い存在。1年とはいえ上級生というのは大きいです。もし、プレゼンの披露が同期同士だったら、甘えが出てしまったかもしれません。（先輩としての自覚や責任感が芽生えたという意味でも）連動は良かったと思います"

　入社2年目になると、実際に客先でプレゼンを行う機会が訪れます。今回のプレゼンテーション・スキル研修の「相互プレゼン」は経験を積ませる格好の場になりました。

2. 研修評価の事例

　TKCの事例において、混合評価の観点から特筆するべきポイントは下記の2つです。

①研修4か月後に「生声ヒアリング」
②サクセスケースの物語としての提示

以下、それぞれ見ていきましょう。

①研修4か月後に「生声ヒアリング」

　研修から4か月後、現場実践としてのプレゼンを経た後に、転移がなされていると思われる受講者を、1年目社員・2年目社員からそれぞれ1人ずつ選出してもらい、インタビューを実施しました。

1年目社員の方は、「2年目社員のプレゼンを最初に見せてもらったので、お手本にすることができました」と語っています。2年目社員のプレゼンの際にいろいろと質問したことが、自分たちのプレゼンのつくり込みにも役立ったそうです。このことは「相互プレゼン」という仕組みが、より良い学習と実践（行動）につながったことを示しています。

　2年目社員の方は、この研修を受講する前にも、月に1〜2回程度、客先でプレゼンをする機会があったそうで、研修の受講前後を比較して、こう語っています。

「（研修以前は）プレゼンの骨組みをつくっていませんでした。羅列していただけかもしれません。プレゼン終盤に、『どうやって終わるんだっけ？』とわからなくなることもありました。研修後は、それまで意識していなかったプレゼンスキルや、プレゼンの構成を意識するようになりました」

　研修で学んだことが、その後の現場実践に活かされている（転移している）ことがわかります。

②サクセスケースの物語としての提示

　前述の生声ヒアリングをもとに、サクセスケースを物語として描き、本研修の重要なステークホルダーでもある田中氏に提示しました（どのような物語を描いたかについては、のちほどご紹介します）。

　実際のところ、今回は1年目社員と2年目社員が同時期にプレゼンスキルを学んだため、いくら2年目社員のほうが経験を積んでいるといっても、1年目社員のお手本としては正直まだまだなところがあり、執行役員や部門長からは厳しいフィードバックを受けたそうです。

　一方で、田中氏は、サクセスケースの提示に対して、「（受講者が研修で学んだことを）活用して成果を感じているということは良いことだと思う」とし、「今回は初めての試みだったので、1年目・2年目ともに難しかったところもあります。ただ、今年の試みは次につながります。今

年の1年目社員がプレゼンテーション・スキル研修で学んだことを、次年度の1年目社員に伝えることができれば、今回にも増して良い成果につながるでしょう」と語ってくれました。

　ここでは、サクセスケースの提示が、次年度への期待（＝研修の継続）を生んでいることがわかります。受講者の「生声ヒアリング」を行い、サクセスケースを物語として提示することは、「ステークホルダーの心を揺さぶる」ことにつながるのです。

3. ポイントの解説

　前述の ①研修4か月後に「生声ヒアリング」、②サクセスケースの物語としての提示、ですが、これらの実践の背景には、田中氏の次の意向がありました。

　"（本研修終了後）近時の効果を測るには、研修終了後の1年後や2年後に、受講者本人はじめ部門長にアンケート調査やヒアリングすることを考えています"

　これを受けて、本研修をお手伝いしている筆者らがサクセスケースの作成を打診し、受講者インタビューの実施へとつながります。

　研修で学んだことをしっかり活用している受講者に生声ヒアリングを行い、そうした成功事例を物語としてステークホルダーにお届けすることは、【②行動（レベル3）の測定】といえるでしょう。

　また、もし可能であれば、今回の研修4か月後の生声ヒアリングにとどまらず、田中氏がいうように、1年後などにかけて、継続的にアンケートやヒアリングを実施することも、研修評価を通じて現場実践を促していくという点で、これからの研修評価の実践となります。

　以上、本研修における研修評価事例として、①研修4か月後に「生声

ヒアリング」、②サクセスケースの物語としての提示、についてポイントを解説してきました。これらを第4章で示した「プレミアムコース」に照らし合わせてみると、①研修4か月後に「生声ヒアリング」はそのまま「生声ヒアリング」に、②サクセスケースの物語としての提示は「濃いストーリー」に当てはまります。自社で使えそうなものはあるでしょうか。

4. サクセスケース・メソッド：Siさん、Saさんのストーリー

　ここでは、本研修における学びを現場での実践に活かしている2人の受講者（1年目社員Siさん、2年目社員Saさん）への生声ヒアリングをもとに、サクセスケースを描いてみます。

【1年目社員、Siさんのストーリー】

　Siさんは、「プレゼンテーション・スキル研修」受講前は、プレゼンのスキルについてあまり考えたことがありませんでした。先輩や上司の客先訪問に同行し、そのプレゼンを見ていたので、プレゼンのやり方は何となくわかったつもりになっていましたが、この研修を受けることによって、「ああ、あのときはこのスキルを使っていたんだな」と具体的に理解できるようになったそうです。

　研修では、8月に2年目社員のプレゼンを受けた後、Siさんたち1年目社員は9月にプレゼンを実施しました。2年目社員に向けてのプレゼンを準備するチーム活動では、Siさんはチームのまとめ役となり、みんなで協力しながらプレゼンをつくり上げていきました。

　2年目社員のプレゼンを体験して感じたのは、日常業務についての説明など、TKCを全く知らない人にもわかるように、丁寧に伝えようとしていることでした。2年目社員のプレゼン終了後、質問タイムでアドバイスをもらえたことも収穫だったようです。先輩方

のプレゼンやアドバイスをお手本・参考にすることで、手応えを感じるプレゼンを行うことができ、その後のフィードバックでも「上手にできていた」とお褒めの言葉もいただくことができました。

　自身のプレゼンにはまだまだ改善点があると感じていますが、本研修はSiさんにとって大きな学びや自信につながりました。これからも、研修で学んだプレゼンテーション・スキルを活かし、相手が聞きやすいプレゼンを心がけようと思っているとのことです。

【2年目社員、Saさんのストーリー】

　Saさんは、「プレゼンテーション・スキル研修」受講前は、上司や先輩からプレゼンのやり方を学んでいました。受講前の1月から7月までの間に、お客様である会計事務所に行き、システムや商品についてのプレゼンを月に1〜2回、1回につき1時間半ほど時間をいただいて行う機会もあり、プレゼンには少し慣れているといった状態でした。

　ただ、研修を受けるまで、プレゼンテーション・スキルというものをあまり意識はしておらず、客先でのプレゼン終盤に、「あれ、どうやって終わるんだっけ……？」と困惑する場面が時折ありました。そのせいか、お客様の反応があまりなく、プレゼン終了後のアンケートでのコメントなども少ないことに課題を感じていました。

　研修を受けて一番変わったのは、「骨組み」を意識して、プレゼンを構成するようになったことです。研修後に一番使用しているスキル、「サンドイッチ・フォーマット」を利用することで、エピソードに肉付けしやすくなりました。これまでは、ただ情報を羅列していただけだったということに気づかされたといいます。

　プレゼンテーション・スキル研修受講後、プレゼンの機会が増加

しました。研修3か月後に行った、お客様を集めたセミナーでのプレゼンでは、研修受講前に比べて、お客様からとても良い反応をいただくことができました。セミナー直後にお客様から「プレゼン、良かったよ」とお声がけをいただいたり、その場での質問も増えました。アンケートの自由記入欄にも、お客様からのコメントが多く寄せられました。

　次年度のプレゼンテーション・スキル研修を受ける方へのアドバイスとして、「今取り組んでいる仕事に当てはめて、イメージして考える」ことを挙げています。Saさん自身、研修で学んだスキルと実際の仕事場面での経験を照らし合わせることで、「あ、今学んだスキルは、あのときに使っていたことだったのかも」と気づくことができ、研修内容がより身になったと感じています。

3 株式会社吉野家ホールディングス

　最後に、株式会社吉野家ホールディングスの研修評価事例を見ていきます。吉野家ホールディングスは1889年創業。吉野家、はなまるをはじめ、海外にもグループ会社を展開しています。創業以来の味へのこだわりを守り、進化させてきた吉野家を中心に、各グループ会社のノウハウを活かした多店舗展開によって、日本のみならず現地での雇用を創出するとともに、手軽に楽しめる和食のおいしさを世界へ拡げています。

　ここでは『吉野家ホールディングス×比企起業塾「地域課題解決支援リーダーシップ研修」』という研修プログラムを取り上げます。吉野家ホールディングスにおける次期幹部候補者5人を選抜し、個人事業主として起業している「ミニ起業家」5人 [176] とペアを組んで、半年間かけ

てミニ起業家に伴走していく、というプロジェクトです。

　研修の背景には、今後の活躍を期待されている次期幹部候補に「起業家精神」を身につけさせたいという思いがありました。半年間にわたってミニ起業家に寄り添うことで、研修受講者にどのような行動変容が起こったのかを見ていきましょう。

1. 研修の概要【地域課題解決支援リーダーシップ研修】

　ここではまず、吉野家ホールディングスが実施した「地域課題解決支援リーダーシップ研修」の概要と企画者の思いを見ていきます。

研修の概要

目的	Why	権力を持たないリーダーシップを発揮することで、ヒューマンスキルを身につけ、自ら起業することも辞さない自律型人材となる。
対象	Who	次期幹部候補者 5人
内容	What	ミニ起業家の「情報・開発・集客支援」 全4回の集合研修＆活動報告会＋インターバル期間のペア活動
時期	When	2019年5〜11月、2021年7月
場所	Where	埼玉県比企郡ときがわ町
方法	How	次期幹部候補者 5人は、それぞれ地域の「ミニ起業家」とペアを組み、半年間にわたって、ミニ起業家の「情報・開発・集客支援」に取り組んだ。研修では、ペア・クラスでの情報共有や相互アドバイスを行い、インターバル期間中はペア活動として継続的な支援を行ってもらった。

企画者の思い

杉山英行さん（吉野家グループアカデミー チーフコンサルタント）
日高敬一さん（教育課長）

　吉野家グループアカデミーのチーフコンサルタント（当時）の杉山

176.　5人の「ミニ起業家」は、埼玉県比企郡ときがわ町で実施している「比企起業塾」（現「比企起業大学大学院」）の卒業生です。

氏には、「次世代幹部候補に起業家精神を持たせたい」という強い思いがありました。優秀なだけではなく、自らこれからの事業を創り出せる人材をどうすれば育てることができるのか。これまでにいくつもの施策を打ち、さまざまな経験を積ませてきました。

　切磋琢磨する幹部候補生にさらなる経験を積ませる機会を探る中で、筆者の一人（関根）が運営している「比企起業塾」に興味を持ち、「地域課題解決支援リーダーシップ研修」がスタートしました。本研修は、半年間に及ぶ研修、研修終了後の活動報告会、2年半経過後の振り返りミーティングと、異例ともいえる長期間の取り組みとなりました。

　受講者である吉野家ホールディングスの次期幹部候補の方々は、普段BtoBで相対している人たちとは違い、小さくてもいわゆる「社長」に伴走していくという研修に、正直戸惑いを感じていたようです。実はここにも、いわゆる体育会系である幹部候補生に、強いリーダーシップだけではなく、寄り添うという視点（サーバント・リーダーシップ）を身につけさせたい、という杉山氏・日高氏の思惑がありました。

2. 研修評価の事例

　吉野家ホールディングスの事例において、混合評価の観点から特筆するべきポイントは下記の3つです。

①事前・事後アンケート（プレ・ポスト調査）
②4回のフォローアップ研修で、実践度を「生声ヒアリング」
③20か月後の振り返りミーティング

以下、それぞれ見ていきましょう。

①事前・事後アンケート（プレ・ポスト調査）

　受講者である幹部候補生の皆さんには、本プロジェクト開始前に事前アンケート（図表39）に答えてもらい、半年後のプロジェクト終了時にも、同じ質問で事後アンケート（図表40）を実施しました。

　これらのアンケートは、第2章のコラムや第4章で提示した「事前・事後評価」の手法を参考にしたものです。本研修の目的である「権力を持たないリーダーシップを発揮することで、ヒューマンスキルを身につけ、自ら起業することも辞さない自律型人材となる」ために必要な「態度・技術・知識」の状況を把握するため、研修の事前・事後でアンケートに回答してもらいます。研修終了後、アンケート結果が良い方向に振れていれば、成果につながっているという一つの指標になります。

　ここでは、一例として、研修受講者のうち1人のアンケート結果を掲載します（p176の図表41）。この事前・事後の変化を示す棒グラフは、本研修の最後に行われた、吉野家ホールディングス　河村泰貴社長を含む経営層への「活動報告会」で実際に提示したものです。これはまさに「数字（定量データ）」による研修評価の事例といえます。

②4回のフォローアップ研修で、実践度を「生声ヒアリング」

　本プロジェクトでは、約半年にわたって、全4回の集合研修と活動報告会を実施しました（これらは「比企起業塾」の拠点である、埼玉県比企郡ときがわ町に集合して開催されました）。第2回以降の研修および活動報告会は「フォローアップ研修」というくくりで見ることができます。各研修のインターバル期間には、ペアを組んでいるミニ起業家の支援に取り組んでもらいます。まさに強制的な現場実践の場であり、転移が促される仕掛けといえます。

　また、少人数での取り組みでしたので、毎回、全受講者の声をクラス全員で共有することができました。自らが支援するミニ起業家だけではなく、ほかの受講者がペアを組んでいる方の事業の進捗状況を知ること

図表39 | 事前アンケート

事前アンケート

2019年5月からはじまる「地域課題解決支援によるLsp育成プログラム」の
さらなる充実のため、回答のご協力をお願いします

氏名　　　　　　　　　ご所属

1. ここ最近半年間（2018年11月頃—2019年4月まで）のあなたの状況をふりかえってください。
各質問項目においてあてはまるもの1つに〇をつけてください。

		非常によくあった	よくあった	時々あった	たまにあった	全くなかった
1	仕事でのやりとりをのぞいて、会社外の人と出会うことがあった	5	4	3	2	1
2	多様な人々の、様々な考え方に接する機会があった	5	4	3	2	1
3	地域の現場で働く人々に接する機会があった	5	4	3	2	1
4	地域の現場で働く人々の考えを聞く機会があった	5	4	3	2	1
5	経営者・経営陣の目線で、物事を考えるくすがあった	5	4	3	2	1
6	経営者・経営陣の観点から、業務を見直すくすがあった	5	4	3	2	1
7	本業以外の事業機会の可能性について、考える機会があった	5	4	3	2	1

2. ここ最近半年間（2018年11月頃—2019年4月まで）のあなたの状況をふりかえってください。
各質問項目においてあてはまるもの1つに〇をつけてください。

		よくあてはまる	あてはまる	どちらでもいえない	あてはまらない	まったくあてはまらない
1	自分のものの見方が大きく変わったと感じることがあった	5	4	3	2	1
2	それまでとは異なる視点を獲得したと感じることがあった	5	4	3	2	1
3	それまで理解できなかった新しい価値観を感じることがあった	5	4	3	2	1
4	自分の考えと違う意見に接し、葛藤を感じることがあった	5	4	3	2	1
5	様々な人々の考えや価値観にふれて、モヤモヤすることがあった	5	4	3	2	1
6	自分と異なる考え方に対して、納得できないと感じることがあった	5	4	3	2	1
7	自分の中に思い込みや決めつけがあると感じることがあった	5	4	3	2	1
8	自分の考え方が偏っていると感じることがあった	5	4	3	2	1
9	自分の考え方が狭いなと感じることがあった	5	4	3	2	1

3. 今現在（2019年5月時点）のあなたの仕事に対する考え方についてお聞きします。
各質問項目においてあてはまるもの1つに〇をつけてください。

		よくあてはまる	あてはまる	どちらでもいえない	あてはまらない	まったくあてはまらない
1	仕事においては、新しい試みに積極的に取り組んでみたい、と思っている	5	4	3	2	1
2	当面の課題だけでなく、将来の課題にも取り組みたい、と思っている	5	4	3	2	1
3	会社に様々な新たな提案を行っていきたい、と思っている	5	4	3	2	1
4	答えが未だ見いだせない業務や課題を解決していきたい、と思っている	5	4	3	2	1
5	社会貢献につながるビジネスをしていきたい、と思っている	5	4	3	2	1
6	将来は、人をリードする立場で仕事をしていきたい、と思っている	5	4	3	2	1
7	可能であれば、独立起業したい、と思っている	5	4	3	2	1

4. 今現在（2019年5月時点）のあなたの仕事における行動についてお聞きします。
各質問項目においてあてはまるもの1つに〇をつけてください。

		よくあてはまる	あてはまる	どちらでもいえない	あてはまらない	まったくあてはまらない
1	私は、部下や後輩が話しやすい雰囲気を作っていると思う	5	4	3	2	1
2	私は、部下や後輩の考えを促す問いかけをしていると思う	5	4	3	2	1
3	私は、部下や後輩にとって有意義なアドバイスをしていると思う	5	4	3	2	1
4	私は、部下や後輩にとって役立つ情報提供をしていると思う	5	4	3	2	1
5	私は、情報を自ら能動的に取りにいっていると思う	5	4	3	2	1
6	私は、自分を客観的にみつめ返る機会を作っている	5	4	3	2	1
7	私は、自分自身のやりたいことを明確にもっている	5	4	3	2	1
8	私は、部下や後輩の立場に立とうとしていると思う	5	4	3	2	1
9	私は、部下や後輩に対して、「主役が自分でない」サーバントリーダーシップを発揮していると思う	5	4	3	2	1

以上です。ご協力ありがとうございました。

図表40 | 事後アンケート

事後アンケート

今後の「地域課題解決支援によるLsp育成プログラム」の
さらなる充実のため、回答のご協力をお願いします

氏名　　　　　　　　　ご所属

1. ここ最近半年間（2019年4月—2019年9月まで）のあなたの状況をふりかえってください。
各質問項目においてあてはまるもの1つに〇をつけてください。

		非常によくあった	よくあった	時々あった	たまにあった	全くなかった
1	仕事でのやりとりをのぞいて、会社外の人と出会うことがあった	5	4	3	2	1
2	多様な人々の、様々な考え方に接する機会があった	5	4	3	2	1
3	地域の現場で働く人々に接する機会があった	5	4	3	2	1
4	地域の現場で働く人々の考えを聞く機会があった	5	4	3	2	1
5	経営者・経営陣の目線で、物事を考えるくすがあった	5	4	3	2	1
6	経営者・経営陣の観点から、業務を見直すくすがあった	5	4	3	2	1
7	本業以外の事業機会の可能性について、考える機会があった	5	4	3	2	1

2. ここ最近半年間（2019年4月—2019年9月まで）のあなたの状況をふりかえってください。
各質問項目においてあてはまるもの1つに〇をつけてください。

		よくあてはまる	あてはまる	どちらでもいえない	あてはまらない	まったくあてはまらない
1	自分のものの見方が大きく変わったと感じることがあった	5	4	3	2	1
2	それまでとは異なる視点を獲得したと感じることがあった	5	4	3	2	1
3	それまで理解できなかった新しい価値観を感じることがあった	5	4	3	2	1
4	自分の考えと違う意見に接し、葛藤を感じることがあった	5	4	3	2	1
5	様々な人々の考えや価値観にふれて、モヤモヤすることがあった	5	4	3	2	1
6	自分と異なる考え方に対して、納得できないと感じることがあった	5	4	3	2	1
7	自分の中に思い込みや決めつけがあると感じることがあった	5	4	3	2	1
8	自分の考え方が偏っていると感じることがあった	5	4	3	2	1
9	自分の考え方が狭いなと感じることがあった	5	4	3	2	1

3. 今現在（2019年10月時点）のあなたの仕事に対する考え方についてお聞きします。
各質問項目においてあてはまるもの1つに〇をつけてください。

		よくあてはまる	あてはまる	どちらでもいえない	あてはまらない	まったくあてはまらない
1	仕事においては、新しい試みに積極的に取り組んでみたい、と思っている	5	4	3	2	1
2	当面の課題だけでなく、将来の課題にも取り組みたい、と思っている	5	4	3	2	1
3	会社に様々な新たな提案を行っていきたい、と思っている	5	4	3	2	1
4	答えが未だ見いだせない業務や課題を解決していきたい、と思っている	5	4	3	2	1
5	社会貢献につながるビジネスをしていきたい、と思っている	5	4	3	2	1
6	将来は、人をリードする立場で仕事をしていきたい、と思っている	5	4	3	2	1
7	可能であれば、独立起業したい、と思っている	5	4	3	2	1

4. 今現在（2019年10月時点）のあなたの仕事における行動についてお聞きします。
各質問項目においてあてはまるもの1つに〇をつけてください。

		よくあてはまる	あてはまる	どちらでもいえない	あてはまらない	まったくあてはまらない
1	私は、部下や後輩が話しやすい雰囲気を作っていると思う	5	4	3	2	1
2	私は、部下や後輩の考えを促す問いかけをしていると思う	5	4	3	2	1
3	私は、部下や後輩にとって有意義なアドバイスをしていると思う	5	4	3	2	1
4	私は、部下や後輩にとって役立つ情報提供をしていると思う	5	4	3	2	1
5	私は、情報を自ら能動的に取りにいっていると思う	5	4	3	2	1
6	私は、自分を客観的にみつめ返る機会を作っている	5	4	3	2	1
7	私は、自分自身のやりたいことを明確にもっている	5	4	3	2	1
8	私は、部下や後輩の立場に立とうとしていると思う	5	4	3	2	1
9	私は、部下や後輩に対して、「主役が自分でない」サーバントリーダーシップを発揮していると思う	5	4	3	2	1

以上です。ご協力ありがとうございました。

3. 今現在のあなたの仕事に対する考え方についてお聞きします。

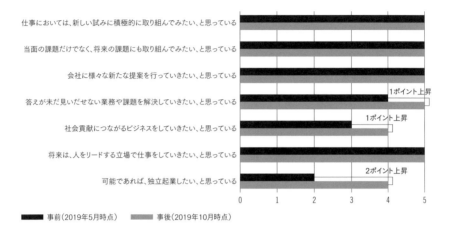

もでき、とても良い刺激となったようです。フォローアップ研修の中で実践度の「生声ヒアリング」ができていたといえるでしょう。

　最後の活動報告会では、受講者である吉野家ホールディングスの幹部候補生と、そのペアであるミニ起業家に、活動内容とそれを通じて得たことを発表していただきました。

　活動報告会の最後に、河村社長から以下の言葉をいただきました。

　"異業種交流自体は珍しいことではないが、このプロジェクトは単なる異業種交流ではなく「共創」だと感じました。新しい刺激を得ることができたんだと、報告会における受講者の言葉などから感じました"

　この河村社長の言葉から、本プロジェクトの意義・成果を感じていることがわかります。受講者の生声を通して、「研修が誰かの役に立ち、現場で実践され、その行動が成果につながっている」ということを経営

層に示すことができたということです。

③20か月後の振り返りミーティング

　コロナ禍の影響で2回目のプロジェクト実施が見送られる中、私たちには、今回のプロジェクトを単発で終わらせては意義が薄れてしまうという懸念がありました。プロジェクト継続のために今できることは何なのかを考えた結果、第1回の受講者に集まっていただいて振り返りミーティングを行うことになりました。活動報告会から20か月が経過しており、足掛け2年越しのフォローアップです。

　振り返りミーティングでは、ミニ起業家からの応援メッセージ（録画）を鑑賞したうえで、受講者（幹部候補生）からの返信メッセージの動画撮影を行いました。一部を抜粋したものをご紹介します。

　"「起業家プログラム研修」の話が来て、起業に興味がなく「社内起業＝会社の資源・カネ」くらいにしか思っていなかったのが本音でした。今では皆さんの起業家精神に感化されたのをきっかけに「会社依存」と「怠慢」を自覚し、新たなマインドセットができたと思います"

　これだけ期間を空けてのフォローアップというのはあまりないと思いますが、プロジェクトから20か月が経過しても、各受講者が研修での学びを現場で活かしていること（転移）がわかり、改めて「サーバント・リーダーシップを踏まえた起業家精神」を確認する場となりました。

　後述しますが、吉野家ホールディングスの教育スタッフの方は、この振り返りを受けて、「真の自律支援を体験する貴重なプロジェクト」といってくださいました。2年越しのフォローアップが、研修が効果的であることを明らかにし、持続可能性を高める「研修評価」としても機能していることがわかります。

3. ポイントの解説

まず、①事前・事後アンケート（プレ・ポスト調査）は、「新モデル」でいうところの【②行動（レベル3）の測定】に通じます。そして、こうしたアンケートの質問項目を作成するためには【①成果（レベル4）につながる行動（レベル3）の明確化】が必要不可欠です。

経営層が期待する「自律型人材」としての行動が、アンケートに表れているのです。本プロジェクトでは、事前・事後の比較を活動報告会で提示したことで、経営層にも「研修が確かに役に立っている」「成果に影響している」ことを理解してもらうことができました。活動報告会という場が、経営層・教育スタッフ・受講者がともに「研修評価」を確認できる機会になったと考えることができます。

次に、②4回のフォローアップ研修で、実践度を「生声ヒアリング」は、【②行動（レベル3）の測定】といえます。また、活動報告会を含む計4回のフォローアップ研修も、同じく【②行動（レベル3）の測定】として捉えることができるでしょう。

第3章で述べられているロバート・ブリンカーホフの言葉、「研修のROIに見合うのは、実際に現場で研修内容を使った受講者の数と割合である」に当てはめて考えてみます。本研修において、ミニ起業家と伴走することは、現場実践を強制する仕掛けであり、少数とはいえ受講者全員が研修で学んだことを実践しているということになります。

複数回のフォローアップ研修があり、インターバル期間における現場実践（転移）を促し、評価するという仕立ては、前述のTKCの事例にも共通するものです。混合評価の実践として、この先注目すべき手法になるかもしれません。

また、コロナ禍という特殊な状況下ではありますが、③20か月後の振り返りミーティングの実施も、【②行動（レベル3）の測定】に近いも

のといえるでしょう。

　受講者のうちの一人は、「20か月が経過し、研修受講者各個人が実践のアウトプットをしていて凄いと感じた。自分もリスクを怖がらずどんどんチャレンジしていきたい」と語ってくれました。研修実施から長いスパンを置いての振り返りミーティングでしたが、いわゆるフォローアップ研修としての効果が感じられる言葉です。

　教育課長の日高氏は、振り返りミーティング終了後に、以下のような感想を抱いたそうです。

　"2年も経って振り返りが効くのは、経験上ほとんどないですよ。それが効いているのは、自分自身がこの学習によって変わった自覚があるのではないでしょうか？　真の自律支援を体験する貴重なプロジェクト。自律支援をすることで学習（変化）につながる効果があります"

　日高氏の感想からは、2年越しのフォローアップが、研修が転移していることを改めて確認し、研修の効果・価値を再認識する場になった（いわゆる総括的評価機能を果たした）ことがわかります。

　以上、本研修における研修評価事例として、①事前・事後アンケート（プレ・ポスト調査）、②4回のフォローアップ研修で、実践度を「生声ヒアリング」、③20か月後の振り返りミーティング、についてポイントの解説をしてきました。これらを第4章で示した「プレミアムコース」に照らし合わせてみると、①事前・事後アンケート（プレ・ポスト調査）は「事前調査」と「簡易アンケート」、②4回のフォロー研修で、実践度を「生声ヒアリング」と③20か月後の振り返りミーティングは、「生声ヒアリング」と「濃いストーリー」に当てはまります。自社で使えそうなものはあるでしょうか。

4. サクセスケース・メソッド：Mさんのストーリー

ここでは、研修受講者である吉野家ホールディングスの幹部候補生M
さんのエピソードをもとに、物語を描いていきます。

【Mさんのストーリー】

Mさんは、自営業の家庭で育ち、その苦労を間近で見てきたため、
一般企業に就職することを選びました。今回のプロジェクト「自ら
起業することも辞さない、ミニ起業家と伴走する研修」の話が来た
ときも、社内起業ならともかく、自ら起業することなど考えたこと
もなく、また社内起業にしても、「会社の資源・カネ」を使って事
業をすることくらいにしか思っていなかった、というのがMさんの
本音でした。

研修前は「起業＝ベンチャーやスタートアップ」だと思い込んで
いましたが、ミニ起業家の考え方や生き方に触れる中で、起業とい
うのは、大きな収益性のあることばかりをいうのではなく、自律し
て生きていくことも指すのだということに気づかされました。今ま
での自分は「吉野家」というビッグブランドのおかげで仕事ができ
ている、自分の実力や信用は微力でしかないと痛感したそうです。

ミニ起業家の起業家精神に感化されたのをきっかけに、アンケー
トの「可能であれば、独立起業したい、と思っている」という質問
に対する回答が、事前・事後で「2」から「4」に変化しました。
社内起業だけでなく、独立起業やスタートアップにもチャレンジし
たいと思うようになったそうです。研修後は社外の集まりにも顔を
出すようになり、以前よりも情報収集を行うようにしています。商
工会議所や県庁主催のビジネスコンテストの手伝い、中小企業診断
士の研究会への参加など、行動ががらりと変わったと語っています。

ミニ起業家と寄り添いながら、活発な意見交換を行い、ミニ起業

家の事業を成功させるためにはどうしたらよいか、と考えながら行動することで、「権力を持たないリーダーシップを発揮する」という研修の目的も果たすことができたと実感しています。

　次にこの研修を受講する方へのアドバイスとして、Mさんから以下のメッセージをいただきました。

　"「パワーで人を動かす」リーダーシップではなく、権力を持たないリーダーシップを発揮するためには、少ない経営資源で「相手のために自分は何ができるか」「実践し行動できるか」「全く新しい考えにマインドセットできるか」が重要だと思います。頑張ってください"

　以上、本書で示した「混合評価」に舵を切り始めた3社の企業事例を見てきました。まだ端緒についたばかりかもしれませんが、これから研修評価を推し進める皆さんにとっての羅針盤になるのではないでしょうか。ここで紹介した事例を参考にしていただきながら、皆さんの会社の状況に合わせて、皆さん自身の「混合評価」を実施していただけることを願っています。

　第5章では、本書で提案する「混合評価」に舵を切り始めた3社の実践事例を見てきました。ポイントは、各社の取り組みが「混合評価」のどんな要素を取り入れ、結果としてどのような行動変容（転移）につながっているのかを知ることです。そのうえで自社の実践に取り入れられそうな手法を考えてほしいと思います。

1. 自社に合った研修評価は何か?

・「混合評価」の3コースに照らして、どんな要素・手法を自社の研修評価に取り入れることができるのかを考える
・特に重要な研修は「プレミアムコース」の導入を念頭に考える

2. 行動変容を促す

・【成果（レベル4）につながる行動（レベル3）の明確化】のうえで【行動（レベル3）の測定】を行うことが行動変容を促す
・【成果（レベル4）につながる行動（レベル3）の明確化】のためには、研修企画段階からの経営層の巻き込みが重要である

CHECK POINT!!

　本章での学びを現場での実践につなげるために、次の点をチェックしてみましょう。

□　自社の研修評価は3つのコースのどれに当てはまりますか?
□　「プレミアムコース」を使うべき研修はどれですか?
□　研修企画段階から経営層を巻き込むことを意識していますか?

研修転移編

第2部の概要

第1部では、研修評価のあり方をアップデートすべく、定量データと定性データ、研修直後評価と研修転移評価を組み合わせた「混合評価」の考え方と方法論を提示してきました。

アカデミックな知見にルーツを持ちつつも、実践的であることを重視した評価を私たちが主張する背景には、人材開発が目的とする「経営や現場にインパクトをもたらす」という大前提がありました。企業における研修評価とは「厳密な効果を測定すること」ではなく、「経営・現場にインパクトをもたらすこと」であるとする、筆者らの主張は、第1章から第5章まで、第1部に通底しているものです。そのためには、研修の転移こそを促進し、現場における従業員・管理職の行動変容を促さなくてはならないのです。

ところで、今一度研修評価よりもズームアップして「研修転移を促進する」といった観点から見た場合、私たちには何ができるでしょうか。それは評価の機会のみならず、あらゆる場面において、研修担当者から現場のマネジャーへの働きかけを増やす、ということに尽きます。

また、経営と現場の改善に資する人材開発のあり方を探究するためには、現場の管理職のみならず、そもそも経営層の意向や方針をヒアリングすることや、研修に対する経営層のコミットを促していくことも、人事教育部門の大切な役割だといえるでしょう。

そこで、第2部「研修転移編」では、人事教育部門として、現場マネジャーや経営層をどのように巻き込んでいけばよいのかについて、具体的なメソッドを解説します。研修評価にも絡めながら、第6章では現場マネジャーの巻き込み方、第7章では経営層の巻き込み方を提示します。研修を「やりっぱなし」にせず、転移を促し、経営や現場にインパクトをもたらすためのヒントが得られるでしょう。

第6章

研修転移を促す
「現場マネジャー」の巻き込み方

第6章では、研修転移を促すために、どのように「現場マネジャー」を巻き込んでいくかを解説します。

改めて「研修転移」とは、研修で学んだことが現場で実践されることです。研修における学びが「教室」を超え、「仕事の現場」にまで広がる営みです。研修転移のカギを握っているのが、現場のマネジャー（管理職）になります。研修転移を促すためには、現場マネジャーの理解や協力を欠かすことができません。

本章では、まず、研修を企画・実施・評価する際に、なぜ現場マネジャーを巻き込むことが重要なのかを見ます。次に、教育スタッフと現場マネジャーの双方の視点や考えを確認したうえで、現場マネジャーをうまく巻き込むために意識・実践すべきことを紹介します。

1. なぜ現場マネジャーを巻き込むことが重要なのか?

研修を企画・実施・評価する際に、なぜ、現場のマネジャーを巻き込むことが重要なのでしょうか。それは、部下（受講者）が研修で学んだことを現場で活かし、行動変容や成果につなげるためには、上司である現場マネジャーの積極的な支援が欠かせないからです。

このことは先行研究でも数多く指摘されています。例えば、ブロードとニューストロームは、上司である現場マネジャーによる部下支援を、研修転移を左右する重要な要因として取り上げています [177]。そのために、人事教育部門には、研修を企画する際に現場マネジャーの意向を反

映したり、研修の目的・内容などについて情報共有を図ったりする、「同じ舟に乗ってもらう」ための働きかけが求められます。

● ─現場マネジャーをうまく巻き込めていないケース

しかし、実際には、現場マネジャーを適切に巻き込んでいることはきわめて少ないといえるでしょう。よくあるケースとして、次の4つが挙げられます。一つずつ見ていきましょう。

①人事教育部門から現場マネジャーへ研修目的が伝わっていない
②現場マネジャーから部下（受講者）へ研修目的が伝わっていない
③研修後に現場マネジャーから部下への声がけやアドバイスがない
④研修後に現場マネジャーが部下に対して、研修とは矛盾した内容を指導してしまう

①人事教育部門から現場マネジャーへ研修目的が伝わっていない

受講者にはあらかじめ研修目的を伝えているものの、その上司には伝わっていないというケースです。この問題は、人事教育部門が通知を怠ったというよりも、現場マネジャーへの忖度によって起こることが多いといえそうです。例えば、研修に参加するにあたって、受講者が事前に上司の承認を得ている場合に、改めて人事教育部門から現場マネジャーに向けて研修目的などを書面で通知することは現場業務の妨げになると判断し、通知を控えてしまうといったことはよくあります。

しかし、こうした対応によって、現場マネジャーは「自分は聞いていない」とネガティブな感情を抱くことがあります。また、上司から部下に研修目的を伝えるという大事な機会を奪ってしまうことにもなりま

---

177. Broad, M. L. & Newstrom, J. W. (1992) *Transfer of Training: Action-packed Strategies to Ensure High Payoff from Training Investments.* Perseus Publishing.

す。現場マネジャーを適切に巻き込むためには、あらかじめ書面や音声・映像データなどで、研修目的をしっかり伝えておく必要があります。

②現場マネジャーから部下（受講者）へ研修目的が伝わっていない

　現場マネジャーには研修目的が伝わっているものの、受講者である部下には伝えていないというケースです。多くの場合、現場マネジャーが多忙で伝え忘れていることや「研修担当者から連絡があるだろうから、改めて伝えるまでもない」などと判断してしまうことが原因です。

　直接の上司から研修の目的や期待を伝えてもらうことで、部下（受講者）の受講意欲や動機づけを高めることができます。一方で、それらが十分に伝わっていない場合には、目的意識を持たずに研修に参加することになり、研修の効果が低減してしまう可能性があります。

　こうした事態を防ぐためにも、人事教育部門としては、「研修の成果を高めるには、現場マネジャーから部下に対して、研修目的を直接伝えることが重要になる」ということを、現場マネジャーに丁寧に説明しなければなりません。

③研修後に現場マネジャーから部下への声がけやアドバイスがない

　現場マネジャーが多忙だったり、研修そのものにネガティブだったりする場合に、部下が研修で学んだ内容についての声がけや、研修内容をどのような場面で活かせば効果的なのかといったアドバイスができていないというケースです。

　上司が声がけやアドバイスをしないことで起こる問題としては、
「上司から求められていないと判断し、実践をやめてしまう」
「実践するものの適した形式で活用されない状態が放置される」
といったことが考えられます。

　まず1つ目に関しては、例えば、コーチング研修で学んだ質問スキルを後輩に実践するものの、上司からの声がけやアドバイスがないため、

部下（受講者）が途中で自信をなくしてしまうことがあります。また、質問をベースにしたコーチングではなく、指示命令重視のティーチングのほうが上司は好みなのだと早合点し、コーチングの実践をやめてしまうといったことが考えられます。

次に2つ目に関しては、例えば、コーチング研修で学んだ質問スキルをチームメンバーに活用しようとはしているものの、自分のしたい質問をしたいタイミングで立て続けにしてしまって、メンバーがうまく答えられていない状態が放置されているといったケースです。受講者本人は研修での学びを活用できていると自負しているのですが、活用の仕方に修正が必要であったり、ときに悪い影響を与えていたりするのを上司がキャッチできておらず、問題が放置されることがあります。

人事教育部門は、研修の前段階において、現場マネジャーに研修目的をしっかり伝達するとともに、研修実施後のフォロー方法についても共有しておくことが大切です。また、受講者が研修で学んだ内容をきちんと上司に説明し、現場実践に上司をうまく巻き込んでいけるように、研修内で解説しておくといったことも求められます。

④研修後に現場マネジャーが部下に対して、研修とは矛盾した内容を指導してしまう

現場マネジャーが研修内容を十分に知らないために、部下が研修で学んだ内容と異なる指導をしてしまうというケースです。これでは、研修での学びが職場で活かされないばかりか、部下（受講者）が混乱してしまうでしょう。研修に費やした時間とコストが無駄になるだけではなく、現場マネジャーと部下との関係性にも悪影響を及ぼしかねません。

人事教育部門は、部下が研修で学んだ内容や具体的なスキルなどについて、現場マネジャーと共有することが求められます。また、研修企画を立案する際には、研修テーマに関する現場の状況をヒアリングし、現場マネジャーの意向を企画内容に加味する必要もあります。

以上、4つの観点で、現場マネジャーの巻き込みがうまくいかないケースと、人事教育部門として留意すべきポイントを整理してきました。

●─現場マネジャーの巻き込みが研修転移を促進する

　そもそも、研修という場は、現場マネジャーや従業員からは、通常業務とは関係のない非日常的なイベントと捉えられがちです。あるテーマについて最新の知識を教わる場、普段は顔を合わせることのない同期と久しぶりに集う場、などと認識されていることも多く、研修で学んだことを現場でしっかり活かそうという意識を持っている受講者は、思いのほか少ないものです。特に、強制的に集められる階層別研修などにおいては、その傾向が強くなります。

　また、現場マネジャーの中には、研修に対してネガティブな反応を示す人も一定数います。部下は研修に参加したいと思っていても、上司が研修にネガティブなので恐る恐る参加の打診をしたり、気が引けて参加しないという選択をとったりする場合もあります。

　例えば、手挙げ式のカフェテリア研修の例で説明します。部下が自分自身で感じている課題を解決するために、上司に参加を打診したところ、「目の前の仕事をきちんとやっていないのに、研修に行く暇があるのかね」と嫌みをいわれるといったことです。そこまで極端ではなくても、上司から否定的な反応をされたことのある人は意外と多いでしょう。よって、人事教育部門には、現場マネジャーの研修に対するネガティブな反応をポジティブに変える取り組みを地道に行い続ける覚悟が必要となります。

　研修とは、受講者にただ知識を提供するだけではなく、現場での行動変容を促し、経営や現場にインパクトを与えるための手段です。したがって、現場で働いている従業員を育成する立場にあるマネジャーを巻き込むことが当然ながら欠かせません。

　現場マネジャーをうまく巻き込むことができれば、部下（受講者）は

研修での学びを職場で自信を持って実践できるようになります。また、研修を受けるときの態度も変わっていくでしょう。具体的には、研修を業務の一環と捉え、成果に対する意識を持つようになります。研修での学びをしっかりと業務に活かし、自らのパフォーマンスを高めようという責任感が生まれてくるのです。

2. 教育スタッフ vs 現場マネジャー

　ここでは、人事教育部門の教育スタッフと現場マネジャーの双方の立場を理解いただくことにより、両者のギャップをどのように埋めればよいのかを、読者の皆さんに考えていただければと思います。

◉─教育スタッフの考え

　教育スタッフは、日々、世の中で課題とされていることや、現場で起きている課題をキャッチするたびに、それらを研修という手段を通じて、知識やスキルを体系的に伝えることで解決できないか、と考えます。

　例えば、CS（顧客満足）に関する課題が当期の経営課題として挙がっている場合に、研修や講演会などを通じて、CSに関する最新の知識や知見を社員に提供しようとまず考えます。ある程度は総花的なレクチャーになっても、まずは世の中の動向や最新の知識を体系的に学んでもらうことを優先したいと考えるわけです。

　一方で、上記と同じくらい重要な業務として、将来の事業環境の変化を見据え、中長期的な視点で、どのような社員教育を施すことが経営戦略・人事戦略の実現につながるのかを考えることが求められます。当然ながら、現在の環境を前提にした短期的な施策だけでは、競合に勝つことや事業を成長させることはできないためです。

　人事は「人」と「事業」をつなぐ役割ですから、事業を継続していくうえで、将来的な観点でどう人を育てていくのかは、教育スタッフにと

ってもきわめて重要な課題です。

　もう一つ、教育スタッフの業務として外せないのは、各階層やグレードごとに求められる能力を身につけさせる、いわゆる「階層別研修」の企画立案です。階層ごとに求められる役割は異なるため、それぞれの役割に沿った内容であることが求められます。階層ごとの役割は会社が定めているものなので、基本的にはその役割定義に沿った研修にすることが大切だと考えます。階層別研修では、同期や社員同士が絆を深める機会としての側面が意識されることも多いでしょう。

●─現場マネジャーの考え

　現場マネジャーは短期的な目標にコミットし、部下をマネジメントしながら日々奮闘しています。当然ながら、「成果」の2文字が頭から離れることはありません。

　研修に対しては、懐疑的な人も結構います。特に、知識やスキルを総花的に学ぶ研修や階層別研修など、すぐに成果につながらない研修に対しては、「本当に意味あるの？この忙しい時期に研修なんてやめてほしい！」などと、反発してくることがあります。自身が昔受けた研修に良い印象を持っていないこともあり、研修というだけでアレルギー反応を示す人もいます [178]。

　会社からの指示で、どうしても部下を研修に送り出さないといけないという場合には、建前として参加を承諾しますが、本音としては、現場は忙しいのだから、余計な負担を増やさないでほしいと思っていることも多いわけです。

　研修前後のマネジャーを巻き込んだ施策（例：マネジャーへのヒアリン

178.　かつてこの国には、研修という形で、シゴキや体罰を含むような教育が企業内でなされ、社会問題になった時代がありました。また、研修講師といった特権的な立場を利用し、一方的に受講者を叱責したり、詰問したりする研修も、いまだに存在していると思います。そのような研修を受講すると、研修嫌いが生まれます。人材開発の根幹には専門性のみならず倫理が必要です。

グ、部下との面談の実施）や、受講者への事後課題などは、教育スタッフが良かれと思って実施するものです。しかしながら、現場の負荷を考えないアプローチに対しては、現場マネジャーが思わぬ拒否反応を示してしまうこともあります。

　ただし、その研修が本当に成果につながるなら、参加させるべきとも考えています。例えば、営業研修はわかりやすいでしょう。多忙な営業パーソンは、研修の冒頭こそネガティブな反応を示したりしますが、自身の営業数字の向上につながりそうな内容であることがわかると、急に目つきが変わるということがよくあります。

　また、**当期における経営課題や組織課題と強く関連しているテーマの研修は、管理職として協力せざるをえないため、前向きになってもらいやすい**といえます。この場合も、実践的な内容が求められる点は同様です。

　興味深いのは、現場マネジャーは、本当に成果につながる研修であれば、研修が1日で終わらなくても構わないと考えていることです。その意味では、教育スタッフが成果に直結する研修を企画立案し、実施することは、現場マネジャーを巻き込むうえで必須といえるでしょう。

　以上、教育スタッフと現場マネジャーの違いについて見てきました。お互いの研修に対する考え方、捉え方で異なる部分を理解できたかと思います。そして、異なる部分はありますが、社員の成長、事業の成長という観点では思いは共通しているわけですから、教育スタッフは、現場マネジャーをうまく巻き込みながら、より良い研修を企画していかなければなりません。

　図表42にそれぞれの立場が大切にすることを整理しました。ここからは、これらを踏まえたうえで、現場マネジャーをどのように巻き込んでいくかについて、具体的な方法を説明していきます。

観点	教育スタッフ	現場マネジャー
研修に対する期待	新しい知見や知識を 広く学んでほしい	すぐに成果につながる 知識・スキルがほしい
意識する時間軸	中長期的 将来的な戦略の実現	短期的 目前の売上・利益・目標達成
研修にかける時間	ゴール達成に必要な時間を なるべく割きたい	できるだけ短時間

3. 現場マネジャーの巻き込み方

　それでは、教育スタッフと現場マネジャーの双方の視点を踏まえて、教育スタッフはいかにして現場マネジャーを巻き込んでいけばよいのでしょうか？

　ここでは、現場マネジャーを巻き込むために意識・実践すべきこととして、「課題の納得感」「行動変容の強化」「評価とフォローの訴求」の観点でそれぞれ3つのポイントを解説し、事例を示していきます。

　　［課題の納得感］
　　①課題となる行動を正確につかむ
　　②社内施策との連動を訴求する
　　③協力的な現場マネジャーの声を集める

①課題となる行動を正確につかむ

　現場マネジャーをうまく巻き込むためには、何よりも、その研修が現場の課題解決につながることを理解してもらうことが大切です。

　よくある話ですが、教育スタッフが現場マネジャーに協力を求めると、「部下を研修に参加させると売上が上がるの？」などと、鋭くも意地悪な質問をされることがあります。しかし、これは現場マネジャーの立場

からすると、ごく当たり前の反応なのです。現場サイドは高い目標にコミットしているため、どのような施策においても、売上や利益につながらないものには意味がないと感じており、それを率直に訊いてくるわけです。

　教育スタッフは、そこで返答に窮することなく、研修の意義をしっかり伝える必要があります。「研修は直接的に売上や利益につながるわけではないが、成果につながる行動の質を高める貢献ができる」と。こうしたコミュニケーションを行うだけで、研修に懐疑的だった現場マネジャーの対応が変わってくることは少なくないのです。

　そのうえで、現場マネジャーの「課題の納得感」を高めていきます。まずは、現場マネジャーにヒアリングを依頼し、現場のどのような行動が成果につながっているのかを明らかにしていきます。次に、課題となる行動が明らかになったら、その課題を研修内でどのレベルまで達成するのか、すなわち研修のゴールを現場マネジャーと話し合って目線を合わせる必要があります。その際には、研修後にゴールを達成できたかどうかを測定・報告する約束をしておくことも大切です。

　コーチング研修を例に説明します。もし教育スタッフが、単純に「コーチング研修を実施するので協力してほしい」と現場マネジャーにお願いしたところで、うまく巻き込むのはなかなか難しいでしょう。

　しかし、例えば、現場マネジャーへのヒアリングを通じて、部下の退職率の増加という課題を聞き出し、さらに、上司が指示・命令ばかりで、部下の考えや思いをうまく引き出せていないという原因があることを特定できたとしましょう。それらを踏まえて、コーチング研修を受講することで、部下の話を遮らずに最後まで傾聴するスキルを身につけられる点、質問のスキルを駆使しながら部下の考えや思いを引き出せるようになる点、を現場マネジャーに説明したとします。

　いかがでしょうか？　こうした手順を踏むことによって、現場マネジャーをうまく巻き込める可能性は一気に高まるでしょう。教育スタッフ

には、現場へのヒアリングを通して、課題となる行動を正確につかむことが求められるのです。

②社内施策との連動を訴求する

　現場マネジャーを巻き込むための2つ目の方法は、社内施策やプロジェクトの中に研修企画を組み込むことです。社内施策は組織の課題を解決するためのものなので、当然ながら、その施策を行ううえでの課題設定はすでに社内的に合意が取れているわけです。

　例えば、アイデア創出研修を企画したとします。それをカフェテリア方式の研修ラインナップの中に組み込んでも、日々の業務に追われる現場サイドは、あまり受講する必要性を感じないかもしれません。研修を受講したとしても、アイデアを実行する機会がないという問題も起こりえます。

　では、このアイデア創出研修を、社内の新規事業提案制度に組み込むことを提案したとすれば、どうでしょうか?

　社員が新規事業案を考える時期にアイデア創出研修を実施すれば、事業案のブラッシュアップにつなげることができます。社内における新規事業提案制度の重要度が高ければ高いほど、現場マネジャーも研修を受講させることに価値を見出し、部下を送り出しやすくなるでしょう。

　このように、研修企画を社内での重要施策やプロジェクトに組み込むことによって、課題の納得感を高め、現場マネジャーを巻き込みやすくなります。研修を単体で企画するだけではなく、他の施策やプロジェクトとうまく連動させていくことが重要だといえるでしょう。

③協力的な現場マネジャーの声を集める

　現場には、人材育成や研修に好意的で、前向きに協力してくれるマネジャーが何人かはいるものです。そうした方々の声を拾い上げ、活用して、その他のマネジャーを巻き込んでいくことも、有効な手立てになる

でしょう。

　具体的には、協力的なマネジャーに、「現場に即した実践的な研修をつくるために、また、現場マネジャーの考えを多くの受講者に知ってもらうために、ぜひお話を聴かせていただけないか」と、インタビューを依頼します。

　例えば、会議のためのファシリテーション研修を企画するとします。企画の背景として、会議の時間が長いことによる残業時間の増加という課題があったとすれば、その課題解決に協力してくれるマネジャーの声を、インタビューを通じて整理していきます。現場マネジャーの声をもとに、会議が長引いている現状や具体的な原因をまとめ、他のマネジャーの説得にも活用していくわけです。

　このように協力的なマネジャーの声を集めることで、現場の課題を把握することができるだけでなく、それを研修実施に対する納得感を高める材料として活用することで、広く現場マネジャーを巻き込むうえでも役立てられます。

> 　［行動変容の強化］
> ①研修の学びを実践する場を設ける
> ②目標設定に関与してもらう
> ③目標達成までの継続的な支援を得る

①研修の学びを実践する場を設ける

　現場マネジャーは、「部下が研修で学んできても、どうせ業務には活かせないだろう」と考えている場合が少なくありません。知識をインプットしたところで、その知識をすぐに行動につなげて成果を上げることなどできるわけがない。研修は研修、仕事は仕事というわけです。教育スタッフには、そのような思い込みを乗り越える提案をすることで、現場マネジャーを巻き込んでいくことが求められます。

研修の「やりっぱなし」という事態を避けるためには、研修で学んだことを確実に実践する場をあらかじめセットしておくことが何より大切です。

　例えば、社内講師トレーニングの研修を企画するとしましょう。講師トレーニングを受けた受講者が現場に戻ると、人生初の社内講師として登壇する機会が2週間後に控えている。こうした状況をあらかじめ設定しておけば、どうでしょうか？　受講者は否が応でも研修を前向きに受講し、学んだことを実践の場で活かそうとするでしょう。

　このように学習した内容を必ず活かす場がセットされていると、上司である現場マネジャーもサポートせざるをえません。研修で学んだことを役立てる場面が明らかにあるわけですから、機会を与えるかどうかを現場任せにしてしまう従来の提案よりも、はるかに現場マネジャーを巻き込みやすいでしょう。

②目標設定に関与してもらう

　研修内容を実践する場をセットする際に、教育スタッフが考えておくべき大切なことがあります。それは、研修終了時の目標設定において、現場マネジャーに関与してもらうということです。

　ある企業では毎年上期に次世代リーダー候補者研修を実施しており、研修の締めくくりとして、それぞれの受講者が、自部門における下期の目標を、現場マネジャーにプレゼンするという場を設けています。そして、その目標の難易度や妥当性について、現場マネジャーからフィードバックをもらい、目標を修正したうえで、それを下期のMBO（目標管理制度）に組み込むようにしているのです。

　このような施策を採用することで、上司（現場マネジャー）と部下（次世代リーダー候補）の双方に目標達成への動機づけを与えることができ、研修での学びが現場での実践につながりやすくなります。

　教育スタッフとして、適切な目標設定を通じて、現場の課題解決に貢

献したいという思いを伝え、目標設定の段階から現場マネジャーに関与してもらうことによって、実践に対する強い動機づけを行うことが重要なのです。

③目標達成までの継続的な支援を得る

研修での学びを確実に行動変容につなげるには、あらかじめ学びを実践する場を設定しておくこと、目標設定に上司が関与することが大切だとお伝えしました。もう一つ欠かせないのは、研修で立てた目標を達成するまでの継続的な支援の仕組みをつくることです。これは、直属の上司による支援だけを述べているわけではありません。

例えば、半年間かけて行うマネジメント研修のインターバルで、外部の力や仕組みを利用するケースがあります。マネジメント研修の受講者は、日々の現場での実践結果をオンライン上の振り返りツールに記入します。その振り返りでは、うまくいったことやいかなかったこと、その原因に加えて、そのときに生じた感情も記入します。また、専属コーチによる行動変容を促すアプローチなども組み合わせ、継続的な支援によって、確実な成果へとつなげていくのです。

別の例では、上司による継続的な「1on1」を導入するケースがあります。研修のインターバル期間、受講者は課題の実践状況について、上司と定期的に振り返りを行います。上司は、部下の実践内容、結果やその背景を引き出しながら、その改善策をさまざまな角度から考えるために、部下に質問を投げかけていきます。課題を「自分ごと化」させて、確実に課題解決へと導くことを意識しながら、1on1による定期的なフォローを実践していくわけです。

教育スタッフは、このようなアプローチの事例を示しながら、目標達成までの継続的な支援の仕組みが整っていることを現場マネジャーに訴求していくのが重要です。ポイントは、受講者の目標達成が現場の成果につながっていることを丁寧に説明することです。それによって、継続

的に関わることに対する現場マネジャーのモチベーションも高まってい
きます。

> ［評価とフォローの訴求］
> ①部下の成長につながることを訴求する
> ②自社サーベイの項目を活かす
> ③研修後のラーニング・コミュニティを活かす

①部下の成長につながることを訴求する

　研修評価を実施しようとした際、研修直後のアンケートだけであれば、
現場マネジャーの協力を得ることは容易です。しかし、継続的にアンケ
ートを実施し、受講者の行動変容を数値で追っていくとなると、協力を
得られないケースも多々あります。現場業務が忙しいのだから、必要以
上に時間を取らせないでほしい、受講者の負担を増やさないでほしいと
いう理由です。

　この場合、教育スタッフは、研修後の定点観測は、人事教育部門の都
合だけで行うものではなく、受講者の成長につながることを丁寧に説明
していく必要があります。具体的には、受講者の行動変化を評価するこ
とによって、受講者の内省を促す効果があることを強調してください。

　例えば、毎年5月頃に実施されるOJTトレーナー研修の終了後、ある
程度の期間をかけて、継続的に受講者（OJTトレーナー）の行動変化を
定点観測するとします。OJTトレーナー自身に新人指導で抱えている課
題やその実践状況を問うようなシンプルなアンケートを定期的に実施す
るわけです。

　人事教育部門として、受講者の課題や実践状況を定点観測できるとい
うメリットもありますが、それ以上に、OJTトレーナー自身がそのアン
ケートに答えることによって、「経験学習サイクル」を回す仕組みにな
っていることが重要なポイントです。

経験学習サイクルについてはご存じの方も多いと思いますが、現代の人材育成を支える最もパワフルな基礎理論とされており、「仕事を**経験**したら、その経験を**内省**し、その内省を踏まえて**教訓**を導き出し、その教訓を次の仕事機会に**適用**すること」と説明できます。この「経験→内省→教訓→適用」のサイクルを習慣化することにより、自らの成長を加速することができるという考え方です。

　前述のOJTトレーナー研修のケースでは、アンケートが経験学習サイクルに沿った内容になっています。そのため、アンケートに定期的に答えていくことによって、OJTトレーナー自身で「経験学習サイクル」を回せるようになっているのです。また、その結果を上司や教育スタッフも都度確認し、問題があればフォローする体制を整えることで、受講者の実践を促し、支援します。

　このように研修後に定期的に学びの実践度を確認していくことは、人事教育部門としてデータを収集するためだけではなく、受講者自身の行動変容を促すことにもつながるのです。現場マネジャーに継続的な研修評価への協力を依頼する際には、こうしたメリットをしっかり説明することが大切です。

②自社サーベイの項目を活かす

　研修アンケートを活用して研修評価を行うことはもちろん大切ですが、組織内で実施されているESサーベイ（従業員満足度調査）などの項目に紐づいた課題を研修企画として提案することは、現場マネジャーをうまく巻き込むために有効です。

　ここでは、マネジャー研修で自社独自のサーベイを活用している事例を紹介します。サーベイでは、マネジャーに求められるスキルが一覧にまとめられ、その実践度合いを尋ねています。この事例では、そのうちの「傾聴力」という項目に注目し、その中の「部下の話を遮らずに最後まで聞く」という点を研修の課題として扱いました。

研修で学ぶ内容とサーベイの項目が紐づいているとどうでしょうか？このサーベイが研修の「事前」と「事後」で実施されるわけなので、研修の効果をある程度「見える化」することができます。サーベイ結果が数字として示されるとなれば、現場マネジャーも取り組むモチベーションが高まるでしょう。

　研修実施後には、そのマネジャーのチームに所属しているチームリーダーやメンバーに対して、マネジャーや組織全体にどのような変化があったかなどをインタビューします。そして、サーベイの数値変化とインタビュー内容の両方からレポートをまとめ、研修効果を報告するというわけです。

　このようにサーベイの具体的な項目などと関連づけて、その課題解決に直結する研修を企画するといったアプローチも、現場マネジャーを巻き込むための有効な手立てになります。

③研修後のラーニング・コミュニティを活かす

　現場マネジャーをうまく巻き込むためには、研修終了後にコミュニティ内で学び合う環境を提供することにより、マネジャーの育成負荷を軽減し、かつ、より早く成果につながる点を伝えることも有効です。

　研修で学んだことを職場で実践に移す際には、いろいろなハードルがあると予想されます。日々の業務が忙しいために時間が捻出できず、実践に移すモチベーションが続かないこともあるでしょう。その対策として、研修受講者によるラーニング・コミュニティをつくり、活用するという方法があります。

　現在はSNSなどを活用することで、比較的簡単にコミュニティをつくることができます。研修後に一緒に学んだ仲間とのコミュニティが設定され、そこで実践事例の共有などを通じた関わりがあることで、自身の課題解決につながることや、周囲からの応援が励みになることが期待できます。さらに、半年後にフォローアップ研修を実施し、継続的に実践

事例の共有などを行うことによって、実践度合いを高めるだけでなく、社内ネットワークをより強固なものにすることもできるでしょう。

　現場マネジャーを巻き込む際には、コミュニティ内で得られたナレッジを、それぞれの職場にも展開できるという点も伝えましょう。研修内容や受講者のレポート、研修後のラーニング・コミュニティ内での実践事例やナレッジを、職場の他のメンバーにも共有するための仕組みを提案することが大切です。

　組織内のナレッジマネジメントという観点からも大切ですし、受講者本人が学んだ内容や得た知識を他のメンバーに伝える役割を担うことは、行動変容へのモチベーションアップにもつながるからです。研修テキストや実践事例などを自組織内で利用しやすい仕組みにしておくことで、勉強会などの催しもすぐに開くことができるでしょう。

　このように研修後のラーニング・コミュニティを活用することは、受講者に限らず、現場マネジャーや組織にとってもメリットがあります。そうした点を伝えながら、現場マネジャーをうまく巻き込んでいくことが重要です。

　以上、本章では、現場マネジャーをうまく巻き込むための方法について説明してきました。現場マネジャーとともに現場課題に資する研修を企画する際に、ぜひ参考にしてみてください。

まとめ

　第6章では、現場マネジャーを巻き込むための方法を提示しました。ポイントは、教育スタッフと現場マネジャー(管理職)では、研修に対する根本的な考え方が異なっていることを理解したうえで、現場マネジャーの納得や支援につながる対話や働きかけ、仕組みづくりをすることです。

1. 教育スタッフと現場マネジャーの考え方はどう違うのか

・教育スタッフは新しい知見や知識を広く学んでほしいと思うが、現場マネジャーはすぐに成果につながるものを欲する
・教育スタッフは中長期的な視点でも研修施策を考えたいが、現場マネジャーは短期的な視点（成果）を求めがちである

2. 現場マネジャーを巻き込む方法

・研修で解決すべき現場課題を正確につかみ、納得感を高める
・学んだことを確実に実践する場を用意するなど、行動変容につながる施策やその効果を強調する

CHECK POINT!!

　本章での学びを現場での実践につなげるために、次の点をチェックしてみましょう。

☐　現場マネジャーの考えを深く理解しようとしていますか？

☐　現場マネジャーの意見をすべて受け入れようとしていませんか？

☐　教育スタッフが重視している点をしっかりと伝えていますか？

☐　研修に向けた課題設定について納得いくまで議論していますか？

第7章

研修転移を促す
「経営層」の巻き込み方

第7章では、研修転移を促すために、どのように「経営層」を巻き込んでいく
かを解説します。経営・現場に資する研修を開発し、転移を促すためには、経
営層の理解や協力も重要なファクターとなります。

本章では、まず、意思決定権者である経営層を巻き込むことの重要性を改め
て示します。次に、経営層を「教育に関心がある／ない」「教育スタッフと接点
がある／ない」という2軸で整理し、「4つのタイプ」に分類します。そのうえで、
それぞれのタイプに対して、教育スタッフとして、具体的にどのように関わってい
けばよいのかを解説します。

1. 最強の後方支援者＝経営層

本章を執筆するにあたり、まず浮かんだのは「経営層は社員教育に対
して何を重視しているのだろうか？」という率直な疑問でした。第4章
では、教育スタッフの仕事を「社内に対する営業活動」というメタファ
で表現しました。営業という観点で考えたとき、真っ先に思い浮かぶの
は「顧客にとっての価値は何か？」というピーター・ドラッカーの言葉
です。これを解き明かすには、直接経営層に話を聞くことが一番の早道
でしょう。なぜなら「答えは顧客が持っている」からです。

◉──経営層へのインタビュー
今回、普段お世話になっている企業の教育スタッフの方々を通じて、

以下3人の経営者・役員にインタビューする機会をいただきました。

- ・株式会社TKC　田中康義 執行役員 人事教育本部長
- ・ヤマトグローバルエキスプレス株式会社　永田輝巳 社長 [179]
- ・株式会社吉野家ホールディングス　河村泰貴 社長

　本章では「経営層が教育に何を求めているのか」「どうすれば喜んで巻き込まれてくれるのか」といった点を、インタビューも踏まえながら明らかにしていきます。

　ところで、皆さんの中には「経営層の巻き込みといっても、そう簡単にはいかないのでは」「すべての研修に経営層を巻き込まなければいけないのか」といった疑問を持つ方もいるかもしれません。

　確かに、教育スタッフである皆さんが企画するすべての施策に経営層を巻き込むというのは現実的ではなく、そもそもその必要もありません。そうであれば、まずはどのような施策に経営層を巻き込むべきなのか、というところから考えていきましょう。

◉──経営層を巻き込む研修を見極める

　当然ですが、会社の方向性は経営層が決めていきます。そして、端的にいえば、経営層は会社の利益を上げるために行動します。組織の人間である以上は、経営層の思いに沿って行動していることでしょう。そのため、教育スタッフである皆さんには、利益を上げる行動に資する施策、成果につながる行動を促す研修を提供することが求められます。

　例えば、経営力強化や人材養成のための研修施策を打つときは、中期経営計画のメッセージをくみ取ったり、社長メッセージを参照して会社の向かうべき方向を読み取ったりということは肝要です。**教育スタッフ**

179.　2021年4月1日をもって、ヤマトグローバルエキスプレス株式会社はヤマト運輸株式会社に統合されました。

の皆さんが心に留めておくべきことは、一言でいえば「経営課題との接続」といえるでしょう。

さて、研修の企画・設計・運営において、現場マネジャーを巻き込むことの重要性と方法については、すでに第6章でお伝えしました。研修転移には現場マネジャーの協力が欠かせません。せっかく経営課題との接続を意識し、経営・現場の成果につながる研修を実施しても、現場マネジャーの協力が得られず転移が促されないのでは意味がありません。

経営層の巻き込みとして、現場マネジャーの「転移支援」が特に必要となる研修に関わってもらうことは非常に有効です。経営層の後ろ盾があれば、現場マネジャーもイヤというわけにはいかないからです。

また、教育スタッフとして、新たに「始めたい」と熱意を持っている研修や、今後も「続けたい」と思い入れを持っている研修といったものがあると思います。そうした研修を実現・継続させたい場合も、うまく経営層を説得し、巻き込んでいくことが必要になります。

では、経営層に関わってもらうためには、一体、どうすればよいのでしょうか。一言で経営層といっても、いくつかのタイプがあります。よって、それぞれの経営層のタイプを知り、見極め、そのうえでタイプに応じた巻き込み方を実践していかなければなりません。ここからは、経営層のタイプとそれに応じた巻き込み方を見ていきましょう。

2. 経営層を「2軸」で整理する

第3章では、経営層を「トップ」「人事担当役員」「他の役員」の3種類に分けました。それぞれ研修に巻き込むことが大切なのですが、この章では「トップ」に注目して見ていきます。なぜなら、予算配分や他の役員（＝現場マネジャーの上司にもあたります）への影響力は、当然ながらトップに絶対のものがあるからです。大企業はもとより、中小・中堅企業のトップならばなおさらでしょう。

		教育スタッフとの接点	
		接点あり	接点なし
教育への関心	関心あり	④関心あり・接点あり **「攻め」**	③関心あり・接点なし **「2つのプレイ」**
	関心なし	②関心なし・接点あり **「ソフトな引っ張り」**	①関心なし・接点なし **「守り」**

　ここではトップを「2軸」で整理していきます。縦軸は「教育への関心あり」「教育への関心なし」、横軸は「教育スタッフとの接点あり」「教育スタッフとの接点なし」です（図表43）。

3.「4つのタイプ」別、経営層との関わり方

　ここからは「（教育への）関心あり／関心なし」「（教育スタッフとの）接点あり／接点なし」で整理した4つの経営層のタイプに関して、それぞれの特徴とどのように対応していくかを見ていきます。

トップが「関心なし・接点なし」

　まず、右下の「①関心なし・接点なし」のトップとはどんな人でしょうか。以下の3つのパターンが挙げられます。

①短期的な数字にしか興味がない人
　②前例踏襲が一番な人
　③実力主義を信奉している人

①短期的な数字にしか興味がない人

　まず考えられるのは「短期的な数字にしか興味がない人」です。教育に意義がないとは思っていないかもしれませんが、自分の任期中は目先の数字を追うことが重要で、効果が出るまでに中長期的な時間がかかる教育には注力したくない、と考えている人です。例えば、大企業のいわゆるサラリーマン社長にこのタイプが見受けられる場合もあるかもしれません。数字にしか興味がないので、人事案件は当然のごとく後回しにされてしまいます。

②前例踏襲が一番な人

　次に考えられるのは「前例踏襲が一番な人」です。今までやってきた教育で特に問題がないのなら、そのままでよいと、変化を嫌う人です。事なかれ主義といってもよいかもしれません。例えば、歴史が長く業績が安定している企業のトップや、社員に対して「俺がいったことをやっていればいいんだ」と考えている中小企業のワンマン社長などが当てはまるかもしれません。接点がないというより、接点をつくりたくない、新たな教育施策などいらないと考えている場合もあります。

③実力主義を信奉している人

　最後は「実力主義を信奉している人」です。例えば、「俺の背中を見て学べ」という風土で育ち、厳しい出世競争を勝ち抜いてきたトップは、自分が若い頃に会社から教育を受けた経験がありません。そのため、今の若い人にも「自分で育ってほしい、それでだめならそれまでのこと」という、実力主義を信奉している場合があります。この場合も、教育に

関して聞く耳を持たないという意味で接点なしといえます。

　それでは、この「関心なし・接点なし」のトップには、どのように対応すればよいのでしょうか。読者の皆さんの中には、「今はそんな会社ないでしょ。そんなトップがいたら、その会社は保たないでしょ」と感じる方も多いかもしれません。

　ある大企業のOBで現在は人事コンサルタントをしている方にお話を伺ったところ、「20〜30年くらい前までは、大手でもそういう会社はいくらでもあった」としたうえで、「低成長になって、コストの安い国々と競争しなければいけない。競争に勝つためには社員を育て、レベルアップさせないと生き残れません。教育に関心がない会社には、若い人は居つかないんじゃないですか」と語ってくれました。

　今の若い世代は、お金と同等かあるいはそれ以上に、やりがいや自分の成長を重視する傾向 [180] があります。ここまで述べた「（トップが）関心なし・接点なし」というのは、すでに前時代的なものといえるのかもしれません。

◉──「関心なし・接点なし」には「守り」

　もし皆さんの中で、上記のようなトップがいる会社で奮闘されている方がいるとしたら、今できることは「守り」です。**守りとは、積極的な施策を打てない中で、最低限の研修をしっかりやるということです。**

　大企業のサラリーマン社長の場合なら、数年のスパンで変わる可能性があります。中小・中堅の場合も、気の長い話ですが、いずれ代替わりがあるでしょう。次のトップに期待しつつ、その間は自分の担当業務に集中し、最低限の研修や教育施策を守ることが重要です。

180.　パーソルキャリア株式会社（2019）「20代・30代の『はたらく価値観』本音調査2019を実施：仕事、プライベートともに重要。仕事へのモチベーションは高い傾向に」
　　https://www.persol-career.co.jp/pressroom/news/research/2019/20191029_01/（2021.12.6閲覧）

守りにおいては、現在ある研修の必要性や成果に関する裏付けをいつでも提示できるように、資料やデータを用意しておくことが大事です。もし業績が振るわないときなどに真っ先に削減されるのが教育関連費用だとしても、最低限実施したい研修について、その重要性を会社の業績と絡めて説明することができれば、トップも認めざるをえません。

トップが「関心なし・接点あり」

次に、左下の「②関心なし・接点あり」のトップとはどんな人でしょうか。以下の3つのパターンが挙げられます。

①成長できる人材は勝手に成長すると思っている人
②奥の院に引きこもっている人
③教育を丸投げしてしまう人

①成長できる人材は勝手に成長すると思っている人

まず考えられるのは「成長できる人材は勝手に成長すると思っている人」です。人は育てるものではなく、「育つ人は勝手に育つでしょ」と学ぶことを本人任せにしてしまいます。例えば、リーダーシップは「素質」か「教育で後天的に身につけられるものか」という問いには「素質次第」と答えるかもしれません。素質がない部下や、やる気の見えない部下に教育するのは効率的ではないと考えている場合もあります。

②奥の院に引きこもっている人

次に考えられるのは「奥の院に引きこもっている人」です。例えば、会社にいる間はほとんど社長室にこもっているというケースです。社長が何をしているのか一般社員にはわかりませんし、当然ながら、お互いにコミュニケーションをとる機会が少なくなります。コミュニケーショ

ンが希薄である場合には、仮に教育スタッフが一生懸命研修を運営した
としても、受講者側は「トップは私たちに興味がなさそうだし、真剣に
研修を受けても意味ないよね」と受け取ってしまうかもしれません。

③教育を丸投げしてしまう人

　最後は「教育を丸投げしてしまう人」です。例えば、研修受講者への
メッセージをお願いした際に「文面を考えておいて」と丸投げしたり、
社員を交えた座談会などへの同席を依頼した際に「私の代わりに（他の
役員に）お願いして」といわれたりするケースです。こうしたトップの
場合、教育施策のミーティングにも参加せず、教育担当にすべて任せっ
ぱなしにしてしまう傾向にあります。

　それでは、この「関心なし・接点あり」のトップには、どのように対
応すればよいのでしょうか。
　教育に関心がないということは、そもそも組織に関して課題を感じて
いないといえるかもしれません。社員の状況や成長にも特に課題を感じ
ていないわけですので、教育スタッフの意見を一応は聞いてくれるかも
しれませんが、実際の施策や行動につながっていきません。
　このタイプも「関心なし・接点なし」と同じく、少なくなってきてい
るかと思いますが、いまだに見受けられます。このタイプに対して教育
スタッフがやるべきことは、いかに「教育に関心がない」を「教育に関
心がある」の方向に引っ張るか、ということです。
　トップにも考えがありますので、教育スタッフ側の意見を強引に押し
通そうとしてもなかなかうまくいきません。いくらこちらが教育の大切
さを力説しても暖簾に腕押し、それどころか「関心なし」の殻に引きこ
もってしまうかもしれません。そうならないように、教育スタッフの皆
さんに意識していただきたいのが「ソフトな引っ張り」です。

●─「関心なし・接点あり」には「ソフトな引っ張り」

「ソフトな引っ張り」とは、トップに対して少しずつ教育に関する啓蒙をしていき、教育に関心を持ってもらうことです。「啓蒙」という言葉はおこがましいかもしれませんが、要するに、「関心なし」から「関心あり」になってもらえるように「対話」を重ねるということです。

　例えば、ある中小企業の社長は、「教育を施すといっても何から始めたらよいのかわからない」といっていました。このような場合、対話や情報提供を続けていくことで、教育に前向きになってくれることが期待できるでしょう。教育に関心がないトップへの「ソフトな引っ張り」として、ここでは3つのサポートを紹介します。

　　①対話を通じて教育の意義を簡潔に伝える
　　②現場にトップの声を直接届けてもらう
　　③他社事例を集めて提示する

①対話を通じて教育の意義を簡潔に伝える

　1つ目は「成長できる人材は勝手に成長すると思っている」トップに対するサポートです。前述のように、このタイプの人は「素質」が重要だと考えていることが少なくありません。そのため、例えば「リーダーシップは後天的に身につけられる」ということをトップに伝える資料を用意し、説明する時間を設けてもらいましょう。

　多忙な経営層に対しては、なるべく簡潔にかつ短時間で伝えることを意識しましょう。例えば、ある会社の企画プレゼンでは、「3枚以内のスライドで説明する」というルールがあり、さらにイラスト等を用いて視覚的にわかりやすいものにすることが推奨されています。

　教育に関心がないトップであっても、短時間であれば、コミュニケーションの時間を確保し、耳を傾けてくれるはずです。まずは簡潔にかつ短時間で教育の意義を伝えていくことで、「ソフトな引っ張り」として

第一歩を踏み出すことができます。

②現場にトップの声を直接届けてもらう

　2つ目は「奥の院に引きこもっている」トップに対するサポートです。この場合、まずは「現場を見てみませんか」と働きかけることから始めましょう。現場が本当に機能しているのかどうかを、自分の目で確認してもらうことを促すのです。例えば、まずは短くてもいいので研修をオブザーブしてもらったり、社長メッセージを伝えてもらったりするなど、少しずつ関与してもらうことから始めましょう。

　ある調査では、「社長のメッセージは、会社の方針を伝える情報伝達だけではなく、会社へのロイヤリティや社長個人との関係を向上させる効果がある」という結果が出ています [181]。トップの口から直接メッセージをいただくことは、とてもパワフルな効果があることを伝えましょう。「なぜ、忙しい私（トップ）が教育に関わらなくちゃいけないの？」という疑問に対して、しっかりと目的や意義を説明します。

　若手社員との交流会や社長を囲んだ座談会など、そういう場に「引っ張り出す」ことができれば、現場の生の声を聴くことで、少しずつ教育への関心が増していくのではないでしょうか。従業員のことを気にかけてもらうことが、教育への第一歩につながります。その際には、人材育成は「会社の成果のための投資」であることを伝え、リターンとして還ってくることを理解してもらいましょう。

③他社事例を集めて提示する

　3つ目は「教育を丸投げしてしまう」トップに対する対応です。この場合、「関心なし・接点あり」のタイプの中では、比較的教育に関心が

181. コーチング研究所（2017）「社長のメッセージは、思っているより効果あり!?」
　https://coach.co.jp/data/20170725.html（2021.12.6閲覧）

あるほうと考えられます。教育施策を任せてもらえるので、やりやすい部分もあるでしょう。ただ、本章の冒頭でも述べましたが、現場マネジャーの協力を得るためにも、トップの後ろ盾を得るための仕掛けは必要です。

そのための方法として「他社ではこうしているみたいですよ」という情報をトップに伝えることが有効な場合があります。例えば、ある教育スタッフの方は、どうしても通したい研修企画がある場合は、トップの納得を促すために、他社事例を集めて提示しているそうです。トップのお墨付きは、まさに「最強の後ろ盾」になります。

以上、「関心なし・接点あり」のタイプに対する対応方法を見てきました。教育に関心がないトップといえども、会社の成長にとって必要な施策だと思えば、必ず理解してくれます。焦らず、じっくりと、教育スタッフの皆さんの熱意を通じて、「ソフトな引っ張り」を図るようにしてください。

トップが「関心あり・接点なし」

次に、右上の「③関心あり・接点なし」なトップとはどんな人でしょうか。これはほぼ一つのパターンになります。

それは、**従業員数が1000人を超える企業のトップ**、です。

筆者らの肌感覚では、従業員数が1000人を超えてくると、教育スタッフとトップの接点は少なくなり、5000人規模以上の会社では、ほとんど接点はないといってもよいかもしれません。もちろん例外もありますが、トップとの間にたくさんの方が介在し、教育スタッフ単独で直接トップと会うといったことは非常に難しいでしょう。

例えば、教育スタッフ→研修課長→人材開発部長→人事本部長→人事担当執行役員→役員会、という順序を踏まなければならない、といった

具合です。経営層と直接的な接点をつくることは難しく、教育スタッフが研修課長や人材開発部長を交えて研修を企画し、部門長や役員に案件を上げていく形になるでしょう。

　それでは、この「関心あり・接点なし」のトップには、どのように対応すればよいのでしょうか。

　まず、教育に関心があるということで、教育スタッフである皆さんとしても腕の振るいどころがあるのは喜ばしいことです。ただし、前述のように、教育スタッフとトップとの間にはいくつかの関門があり、その関門を突破できなければ教育施策は通りません。

　まず、人事教育部門内を考えてみましょう。教育に関心があるトップのもとに組織されているわけですから、しっかりと意思疎通をしたうえで、目的の合意がとれ、教育効果が期待される施策なのであれば、人事担当役員の説得はそれほど難しくはないでしょう。

　しかし、役員会議・常務会・専務会など、役員が集う会議体において施策を通すとなると、非常にハードルが高くなります。人事担当役員が案件を付議することになりますが、役員会議では、他部門（営業、技術、情報システム等）からの議題も目白押しなので、案件としては小さいであろう教育施策を通すのには苦労するかもしれません。

　それでも、何とか案件を通すために、教育スタッフが人事担当役員に対してできることがあります。それは、人事担当役員が少しでも動きやすくなるようにサポートすることです。つまり、人事担当役員にプレイヤーとして活躍してもらい、そのサポーターとしてできることに力を注ぐということです。ここでは「2つのプレイ」と表現します。

◉──「関心あり・接点なし」には「2つのプレイ（Play, Pray）」

　前述のように、経営層が教育に関心を持っているとしても、直接的な接点がない教育スタッフの方も多いのではないでしょうか。その場合、

プレイヤーとして活躍してもらう人事担当役員に対して、次の3つの働きかけを行っていきましょう。

①人事担当役員と研修の「目的」を合意する
②人事担当役員から経営課題の情報提供をしてもらう
③「他社事例」「根拠データ」「理論的背景」を用意する

①人事担当役員と研修の「目的」を合意する

　繰り返しになりますが、大企業の教育スタッフの場合、経営トップに直接働きかけることは基本的にできません。そのため、企画を実現するために、まずは直属の上司や部門長に働きかけることになるでしょう。その後、人事担当役員が同席する企画会議などが行われることが多いと思いますが、ここでの働きかけが重要なポイントになります。

　TKCの田中執行役員にお話を伺ったところ、企画の段階で「研修の目的」を明確にすることが第一だと語ってくれました。そのためにも、人事担当役員に対して「研修をやる根拠」「目的を達成するための理論」「他社事例」をしっかり伝えてほしいといいます。

　人事担当役員から役員会やトップに働きかけやすくなるよう、まずは教育スタッフと人事担当役員との間で研修の「目的」を明確にし、合意を図ることが重要です。人事担当役員に向けての資料やデータを揃えるとともに、熱意を持って伝えることが求められるでしょう。

②人事担当役員から経営課題の情報提供をしてもらう

　トップが教育に関心があるといっても、四六時中教育のことを考えているわけではありません。また、一言で「教育」といっても、そこにはさまざまな課題があり、トップが考える優先順位もあるでしょう。

　教育スタッフとしては、中期経営計画や社長メッセージなどに普段からアンテナを立てておくことが重要です。社内外に発信されている経営

課題に絡めた教育施策であれば、トップにも受け入れやすいはずです。例えば、「グローバル化を目指す」のであれば英語力向上、「顧客満足を重視する」と発信したのであれば、顧客満足度を上げるための研修企画を提言する、といったことです。

　残念ながら、実際のところ、役員会で話されていることがすべて開示されているかといったらそうではありません。また、社内外に発信するほど課題が明確になっていない場合もあるでしょう。課題はあるもののまだ漠然としていて、どんな打ち手をとればいいのかわからないということもあるかもしれません。

　そうした場合は、隠れた経営課題に関する情報を、人事担当役員から提供してもらうことが有効です。例えば、その情報をもとに、部門内でブレインストーミングなどを行い、有効な手立てや施策を模索することによって、先手をとって提案をすることなども可能になるでしょう。

③「他社事例」「根拠データ」「理論的背景」を用意する

　前述のように、人事教育部門には、社内の情報収集や対話を通して、取り組むべき課題を明確にしていくことが求められます。そして、その課題に対して、どのような解決策があるのか、どのような打ち手が有効なのか、そもそも研修で解決できることなのか、といった点について、少しずつ紐解いていかなければなりません。

　課題解決の手立てを検討・判断するにあたって、教育スタッフとして意識すべきことは、「他社事例」「根拠データ」「理論的背景」の収集と提供です。これらは、直属長・本部長・担当役員らの意思決定やトップへの打診をサポートするための有力な情報になります。

　まず「他社事例」は、多くの経営層が欲しがる情報です。これは多くの人事経験者が実感されていることだと思います。他社事例を得るためには、普段からアンテナを張っておくことが必要です。例えば、異業種勉強会に参加したり、人事関連の月刊誌を購読したり、研究者や企業が

発する情報（ブログやメルマガ）を購読するといったことです。ときに喫緊の自社課題にマッチする情報が得られることがあるほか、自身の知識や引き出しを増やすことは、今後の課題解決にも役立ちます。

次に「根拠データ」は、課題解決のための施策や研修内のコンテンツに関して、その必要性や効果の裏付けとなる情報のことです。自社内の課題を示す定量・定性データや、書籍・論文・インターネット上の情報などが考えられます。課題解決のための施策や研修企画などを提案するにあたっては、自身の意見や考えだけではなく、客観的なデータを示すことで、人事教育部門内のメンバー、役員、トップの納得感・安心感を高めることにつながります。ここでもできるだけ簡潔かつわかりやすい内容や表現を心がけましょう。

最後に「理論的背景」は、人材開発・組織開発・研修などにまつわる学術的な理論や実証的な研究結果のことです。これらは、課題の把握や解決策の検討に役立つほか、例えば、上司・役員・トップらから「なぜこの施策が必要なのか、なぜこの施策が有効なのか」と尋ねられた際のカウンタートークとしても機能します。

「理論的背景」というと少し堅苦しく聞こえるかもしれませんが、書籍から学ぶと考えると馴染み深いのではないかと思います。もちろん一人で学ぶこともできますし、人事教育部門のメンバーでの読書会（一冊の書籍を分担して読み、内容を共有・意見交換をする）や、部門長や人事担当役員を交えての勉強会といった取り組みも考えられます。

以上、「関心あり・接点なし」のタイプに対する対応方法を見てきました。この場合、教育スタッフには、トップと接点を持つ実質的なプレイヤー（Play）である人事担当役員をサポートしていくことが求められます。直接的な関わりが持てない分、少しでも人事担当役員の負担を減らせるように、できるだけ多くの情報提供を心掛けてください。後は人事を尽くして天命を待ちます（Pray：祈る）。ダジャレではありますが、

「2つのプレイ（Play, Pray）」でトップを巻き込みましょう。

トップが「関心あり・接点あり」

それでは、左上の「④関心あり・接点あり」のトップとはどんな人でしょうか。以下の3つのパターンが挙げられます。

①現場をよく知っている人
②自ら教育スタッフとコミュニケーションをとる人
③自ら学び続ける人

①現場をよく知っている人

教育に関心があるトップというのは、例外なく現場を知っています。言い換えれば、現場を知らずして、教育に関心があるとはいえません。現場を知っているということは、日々、現場を知ろうと行動しているということです。現場に足を運ぶ・顔を出す、そうでなくても、部門長や役員を通じての情報収集に努めています。現場の実態や課題を把握し、必要だと思えば、ためらわずに教育施策を実行します。名経営者といわれている人は、ほぼ例外なく現場を大事にしているものです。

②自ら教育スタッフとコミュニケーションをとる人

教育に関心があるので、人事・人材育成などにまつわる情報収集にも貪欲です。人事教育部門とのミーティングにも積極的に顔を出し、教育施策・研修企画の提案、研修での社長メッセージや社員座談会への同席といった依頼も前向きに検討してくれることが多いでしょう。いわゆる風通しの良い風土です。今回インタビューに応じていただいた経営層のお三方も、非常にコミュニケーション上手な方たちでした。

③自ら学び続ける人

　このタイプのトップは、時代は常に動いているということを意識しており、その変化に敏感です。経営層お三方のインタビュー中に共通して感じたのは、世の中の変化に対応するために、教育に対して真摯に向き合っているということでした。TKC・ヤマト運輸・吉野家ともにカリスマ経営者[182]が築き上げた会社ですが、従業員教育に対して熱心であるという点は、3社ともに共通しています。現状に甘んずることなく、常に学び続け、変化し続ける姿勢を持っていることが特徴です。

　それでは、この「関心あり・接点あり」のトップには、どのように対応すればよいのでしょうか。あえて3つのパターンを挙げましたが、「関心あり・接点あり」のトップは、すべてのパターンを統合したタイプと考えてもよいでしょう。教育スタッフの皆さんにとって「関心あり・接点あり」のトップがいることは最高の環境といえます。このタイプのトップには、ぜひ「攻め」の姿勢で臨むことをおすすめします。

◉─「関心あり・接点あり」には「攻め」

　ここでの「攻め」とは、トップを直接巻き込みに行くことです。時間をとってもらい直接ヒアリングを行うことで、トップの「熱意」を感じ取るところから始めます。もちろん、直属長・部門長・人事担当役員らとは事前に目的の合意はできているかと思いますので、それを踏まえたうえで、まずはトップの話を傾聴しましょう。ここでは、以下の3つをベースにヒアリングしていきます。

①トップの研修への期待

182.　飯塚毅（1994）『自己探求』TKC出版、小倉昌男（1999）『経営学』日経BP、安部修仁（2020）『大逆転する仕事術』プレジデント社、は一読の価値があります。

②目的の合意
③教育スタッフの熱意を伝える

①トップの研修への期待

　まずは研修に対してどんな期待があるのかを聞いていきます。最初に研修に対する考え方をすり合わせておくのはとても重要です。第1部で確認したとおり「研修に直接効果はない」ので、この点を確認することが最初の一歩といえるかもしれません。そのうえで、行動変容までを約束し、トップの研修への期待をヒアリングしていきます。

　例えば、ヤマトグローバルエキスプレスの永田氏は、研修に期待することの一つとして、「社員の生の声を聴くこと」を教育スタッフに伝えていたそうです。それを受けて、教育スタッフは、永田氏ができるだけ多くの研修に参加し、受講者との接点を持てるように準備しました。

　そのことについて、永田氏は下記のように語ってくれました。

　"研修の中では、これまで表面化していなかった社員の生の声を聴くことができました。現場の社員との会話の中に多くのヒントがあると感じました"

　経営者と教育スタッフが「研修への期待」を事前に合意したことで、経営者を研修にスムーズに巻き込めた好例といえるでしょう。

②目的の合意

　前述のように、研修は直接成果にはつながらないことを確認したうえで、成果のための行動変容を促すためには、どんな研修施策が必要かということを説明します。教育スタッフは、事前に情報収集した経営課題を意識しつつ、トップと目的の合意を図っていきましょう。合意のためには、当然ながら、あらかじめ目的を明確にしておく必要があります。

TKCの田中執行役員はインタビューで以下のように語っています。

"研修企画段階での「目的」を明確にすることです。上に通す際に一番問われるのは「なぜこの研修をやるのか」ということ。目的を明確にするための手段として、事例の提示は有効です。他社事例や、研修をやる根拠をしっかりと伝えること。目的を達成するための理論なども併せて提示すること。そして熱意で言いきることも大事ですね"

　先ほど「関心あり・接点なし」タイプへの対応で述べましたが、経営層に対しては「他社事例」「根拠データ」「理論的背景」などを提示することが重要かつ有効です。例えば、他社事例を参考にして、自社の状況を鑑みることで、漠然としていた課題や、言葉にならなかったトップの思いが明確になるかもしれません。こうした情報を整理し、簡潔に伝えながら、トップとの目的の合意を図っていきましょう。
　吉野家ホールディングスの河村社長も以下のように語っています。

"頭の中で企画を考えるだけでなく、何より企画段階から巻き込んでほしい。組織を「こう変えたい」と強く思っているのは我々経営層です。経営層がコミットしないと、根づくものも根づきません"
"経営層が変わらなければ、何も変わらない。（教育スタッフには）まずは私から説得してほしい"

　ここには、組織を変えるためには経営層のコミットが不可欠であり、教育スタッフに対して、企画段階から経営層を巻き込むという働きかけを求めていることがわかります。先ほどのTKC田中執行役員の語りにも「熱意で言いきる」という表現がありましたが、教育スタッフには、トップを説得し、巻き込んでいく「熱量」が必要ともいえます。

③教育スタッフの熱意を伝える

　繰り返しになりますが、トップを説得し、巻き込んでいくためには、教育スタッフの「熱意」が重要になります。皆さんの「熱意」をトップに直接伝えられることは、直接ヒアリングの最大のメリットでもあり、注意しなければならない点でもあります。トップは皆さんのことを良い意味で値踏みしているからです。

　もし教育スタッフがそこまでの「熱意」を持っていないとすれば、トップをはじめとする経営層はすぐに見抜きます。ある企業の人事教育部門責任者からお聞きした話の中で、印象的な言葉がありました。

　"研修ベンダーが「効果がある」と言っていることを、そのまま鵜呑みにして提案してくる担当者の言葉はすぐわかる"

「流行りの研修」をそのまま提示し、いくら気の利いた言葉で説得しても、人事教育部門のベテランにしてみれば、ただの美辞麗句としか聞こえないようです。百戦錬磨のトップや経営層であればなおさらです。

　ヤマトグローバルエキスプレスの永田氏も教育スタッフの熱意について以下のように語っています。

　"教育スタッフには、社長に詰め寄るぐらいの気概があってもいいと思っています。経営者と「目的を握る」ことが大事。手段、やり方は変えてもいいですから"

　研修企画を提案するときにまず何よりも重要なことは、「この研修が必要なんだ」ということを、研修担当者自身の言葉で「熱意」を持って伝えることだとわかります。教育スタッフの皆さんには、ぜひトップに詰め寄るぐらいの気持ちで提案に臨んでいただければと思います。

以上、「攻め」の姿勢とは、「トップに直接ヒアリングして、研修への期待を把握し、研修の目的をトップと合意するために、教育スタッフが熱意を持って研修の意義を伝えること」だとお伝えしました。経営層の教育へのコミットを大切にし、企画段階から巻き込んでほしいと考えているトップは少なくありません。普段からのコミュニケーションをとりながら、ぜひ「攻め」の姿勢でトップを巻き込んでいきましょう。

　いかがでしたか。本章では、トップを「（教育に）関心あり／関心なし」「（教育スタッフとの）接点あり／接点なし」の2軸で整理し、4つのタイプ別に特徴と関わり方を見てきました。皆さんの組織のトップはどのタイプに当てはまるでしょうか。研修転移を促し、経営・現場にインパクトをもたらすために、ぜひ経営層を巻き込む際の参考にしてください。

まとめ

第7章では、経営層（トップ）のタイプを「教育への関心」「教育スタッフとの接点」の2軸で整理したうえで、それぞれを巻き込むための方法を提示しました。ポイントは、自社の経営層のタイプを見極め、適切な関わりを実践していくことです。

1. 経営層を巻き込むことが重要な研修

- すべての研修に経営層を巻き込む必要はない
- 現場マネジャーの「転移支援」が重要となる研修では、経営層の後ろ盾を得ることで、現場の賛同や協力を得やすくなる
- 思い入れのある研修の実現と継続のためにも経営層を説得する

2. トップのタイプに合った方法で上手に巻き込む

- トップを「教育への関心」「教育スタッフとの接点」の2軸で整理し、4つのタイプに分けて考える
- それぞれのタイプに合った関わり方を理解し、実践する

CHECK POINT!!

本章での学びを現場での実践につなげるために、次の点をチェックしてみましょう。

- ☐ 経営層のコミットや後ろ盾が必要な研修はどれですか？
- ☐ 経営層のタイプを把握し、それぞれのタイプに合った関わり方を実践していますか？
- ☐ 教育スタッフとして、普段から情報収集し、教育や研修施策について学び続けていますか？

これからの教育のアドバンテージは？

◉──教育とは「人への投資」である

　企業における教育を長期的な目線で捉えたとき、この先、その役割はどのように位置づけられるのでしょうか。また、日本の企業における教育施策をめぐる状況は、今後、どうなっていくのでしょうか。

　第7章では、トップが教育に関心がない場合は、「守り」や「ソフトな引っ張り」を心がけてくださいとお伝えしました。ところで、トップが教育に関心がないというのは、そもそもなぜなのでしょうか。

　その理由をいくつか述べてきましたが、あえて述べるとすれば「教育にはお金がかかるから」というのが大きな要因かもしれません。投資に対して、確実な効果が出るかどうかわからないとなれば、二の足を踏んでしまう気持ちもわかります。また、現在企業のトップにいらっしゃる方たちの中には、過去に受講した研修への嫌悪感を持っている方もいます [183]。研修に対するネガティブな印象が根強く、そんなものにお金はかけたくないと、教育から目を逸らしている場合もあるかもしれません。

183.　1970年代初めのST（感受性訓練）ブームでは、軍隊経験者のトレーナーによる暴力的な研修が社会問題化しました。（福本博文（1993）『心をあやつる男たち』文藝春秋.）

しかしながら、少子高齢化が急激に進む中、今後、確実に企業の採用は厳しくなっていきます。パーソル総合研究所の推計[184]によれば、2030年には644万人の人手不足になるといいます。現時点において、人材確保が難しいと感じている企業や人事担当者の方も少なくないでしょう。こうした状況下において、**企業の未来を担う人材を確保するために、人事教育部門ができることの一つは、良い職場づくりなのではないでしょうか。良い職場づくりとは、いってしまえば、人づくりです。そして、人づくりのためには、人への投資を避けることはできません。教育とは「人への投資」に他なりません。**

◉─人材の採用・定着のアドバンテージ

　内閣府の「日本経済2017－2018」[185]によれば、OFF-JTとしてのマネジメント研修やコミュニケーション研修を実施した事業所は、未実施の事業所に比べて離職率が低いというデータがあります（次ページの図表44）。

　このデータは、教育施策を充実させることが、離職率を下げることに寄与しうることを示唆しています。採用が難しい中では、まずは今いる人材を大事にし、離職を防ぐことが喫緊の課題となっていきます。

　また、教育施策の充実は、先々、採用のアドバンテージになる（有利に働く）ことが見込まれます。いくつかの就活サイトによる

184.　パーソル総合研究所・中央大学（2018）「労働市場の未来推計2030」
　　　https://rc.persol-group.co.jp/thinktank/research/activity/spe/roudou2030/（2021.12.6閲覧）
185.　内閣府（2018）「日本経済2017－2018：成長力強化に向けた課題と展望」第2章第3節
　　　https://www5.cao.go.jp/keizai3/2017/0118nk/n17_2_3.html（2021.12.6閲覧）

図表44 | 教育施策の充実が離職率の低下につながる

OFF-JT未実施事業所の正社員離職率はOFF-JT実施事業所より高い

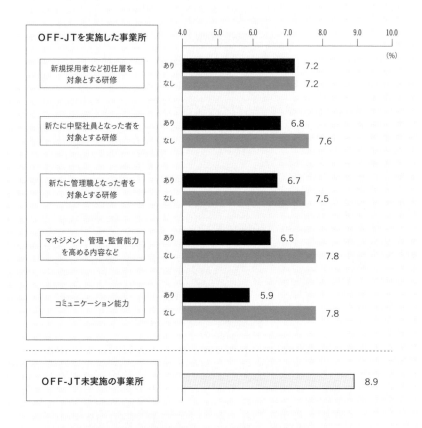

（備考） 1. 厚生労働省「平成28年度能力開発基本調査」（2016年調査）個票データにより作成。
2. 集計対象については、以下のとおり。
「OFF-JTを実施した事業所」とは、正社員に対しOFF-JTを実施した事業所。
「OFF-JT未実施」とは、正社員を雇用しており、正社員及び正社員以外に対しOFF-JTを実施していない事業所。
3. 離職率は、平成27年度の正社員離職者数（定年退職者を除く。また、更新、再雇用、継続雇用等で再雇用された者を除く）を正社員数で除した値。

出典：内閣府（2018）「日本経済2017−2018：成長力強化に向けた課題と展望」より

アンケートでは、「研修制度の充実」[186]や「自らの成長が期待できる」[187]ことが企業選びのポイントだという結果が示されています。

　もし現在トップが「教育に関心がない」のであれば、「教育に関心がある」スタンスに方向転換をしてもらうことが、この先の採用（人材確保）ひいては会社の成果につながっていくといえるのです。

　教育スタッフである皆さんには、研修が人材の採用および定着のアドバンテージになることを経営層に伝えていただきたいと思っています。また、もし現在「教育施策が打ちづらいな」と感じている方がいらしたとしても、近い将来、良くも悪くも教育に力を入れざるをえない状況が確実に訪れます。そのときに存分に成果を発揮できるように力をつけていただけることを願っています。

186.　ポート株式会社「研修充実がダントツで魅力ある制度に 企業選びのポイントは雰囲気や社風」
　　　https://prtimes.jp/main/html/rd/p/000000040.000016325.html（2021.12.08閲覧）
187.　就職みらい研究所「就職プロセス調査（2020年卒）【確報版】「2020年3月卒業時点 内定状況」」
　　　https://shushokumirai.recruit.co.jp/research_article/20200330001/（2021.12.08閲覧）

おわりに

　本書『「研修評価」の教科書』を、最後まで読んでくださり、ありがとうございました。読者の皆さんが実施される「研修評価」が、経営・現場にインパクトを与えていくことを心より願っております。

　ここまで研修評価について書いてきて、最後に申し上げるのは心苦しいのですが、実は、筆者全員が、正直なところ「研修評価は面倒だな」と思った経験を持っています。何か、後ろ向きで、手間だけかかり、面倒くさいので、できれば避けたい。それよりも前を向いて、研修を企画・設計・運営していくほうが楽しい、と思っていた時期がありました。おそらく誰もが、そうした思いを持った覚えがあるでしょう。私たちはそう思っています。

　しかし、研修を経営・現場にインパクトを与える手段と捉え、研修転移の重要性と必要性を学んでいくうちに、転移と評価は切り離せないことに気づきました。かくして、私たちは、自らの研修評価のあり方を振り返ることにしたのです。

　その結果としてたどり着いたのが、「研修直後に、研修効果をアンケートで問う」だけが研修評価ではないということであり、また、研修評価とは「アカデミックな手法を用いて厳密な効果を測定すること」ではないということです。むしろ、評価という実践をきっかけに「研修の効果をどう高めるのか」「研修が無駄にならないよう、いかに現場で実践してもらうのか」を考えることにしました [188]。

188.　ブリンカーホフは「（SCMという評価手法で）測りたいのは、研修がいかに良かったかではない。組織がいかに上手に研修を使ったか、である」と述べています。（Mooney, T. & Brinkerhoff, R. O. (2008) *Courageous Training: Bold Actions for Business Results.* Berrett-Koehler）筆者らの立場もこれに近く、いかに研修や評価という手段を、現場実践（転移）という目的につなげていくのかを重視しています。

本書で論じたように、転移を促すための研修評価であれば、実は難しいことはありません。私たちが、今、現場で行わなければならないのは「研究」ではありません。「実践」です。しかも、研究という巨人の肩に乗った確かな実践なのです。

　本書を参考に、まずは簡単にできることから始めてみてください。その最初の一歩として「研修直後アンケート」を少しだけ変えてみてはいかがでしょうか（例：自己効力感を訊いてみる）。皆さんの小さな一歩が、大きな変化につながっていくはずです。そこから、皆さんの研修評価が、さらにアップデートされ、発展を遂げることを願っています。

　最後に、謝辞を述べさせてください。

　本書執筆にあたっては多くの方々の力をお借りしました。一部の方々のみになってしまいますが、この場にお名前を記すことで、心からの謝辞に代えさせていただきます。

　まずは、インタビューにご協力くださいました河村泰貴さん、永田輝巳さん、田中康義さん、小山内知子さん、齋藤隆介さん、佐々木孝仁さん、宮下公美さん、杉山英行さん、日高敬一さん、田代英治さん、皆さんのお言葉から本書は紡がれています。どうもありがとうございました。

　企業研修において、さまざまな研修評価の取り組みにご協力くださいました教育スタッフの石井弦一郎さん、岩澤亜希さん、宮永史明さん、江原美江さん、生水彩夏さん、山口照美さん、大竹真由さん、竹内基真さん、井岡てるさん、遠藤れなさん、長野太一朗さん、古田健さん、神﨑徹さん、太田洋亮さん、梅崎健一さん、石井理武さん、黒岩乙水さん、外山麻衣さん、伊藤隆浩さんをはじめとする皆さん、ありがとうございました。心より感謝しております。

　そして、研修評価に関する意見交換の機会をつくってくださった慶應丸の内シティキャンパス（慶應MCC）の保谷範子さん、内田紫月さん、太田理奈子さん、張希さん、勝見九重さん、立教大学大学院リーダーシ

ップ開発コースの藤澤広美先生、そして受講者の皆さん、どうもありがとうございました。

　本書を書くきっかけとなったのは、2014年から続いているダイヤモンド社の「研修開発ラボ」です。監修者の中原淳先生、登壇講師の島村公俊さん、鈴木英智佳さん、そして参加者の皆さんとの意見交換を通じて、本の骨子が固まってきました。そこに、今回は現場インタビューにも強い林博之さんに加わってもらいました。ダイヤモンド社「研修開発ラボ」の永田正樹さん、編集部の小川敦行さん、ラボ担当と編集担当の二役をこなしてくださった広瀬一輝さん、構成を担当くださった井上佐保子さん、いつもありがとうございます。

　本書が、これまでの20年間、ほとんど変わらなかった「研修評価」を変えていく一助となることを著者一同願っております。

　ニッポンの研修評価を「ともに」アップデートしましょう！

著者を代表して
関根雅泰

［著者］

中原 淳（なかはら・じゅん）
立教大学経営学部教授。大阪大学博士。「大人の学びを科学する」をテーマに、企業・組織における人材開発・組織開発・チームワークについて研究している。ダイヤモンド社「研修開発ラボ」監修。著書に『企業内人材育成入門』（ダイヤモンド社）、『研修開発入門』シリーズ（同）、『人材開発研究大全』（東京大学出版会）、『フィードバック入門』（PHP研究所）など。立教大学大学院経営学研究科リーダーシップ開発コース主査、立教大学経営学部リーダーシップ研究所副所長などを兼任。
Blog：NAKAHARA-LAB.net（www.nakahara-lab.net）

関根雅泰（せきね・まさひろ）
株式会社ラーンウェル代表取締役。東京大学大学院学際情報学府修士号取得。ダイヤモンド社「研修開発ラボ」メイン講師。著書に『オトナ相手の教え方』（クロスメディア・パブリッシング）、共著に『研修開発入門「研修転移」の理論と実践』（ダイヤモンド社）、『対話型OJT』（日本能率協会マネジメントセンター）など。

島村公俊（しまむら・きみとし）
講師ビジョン株式会社代表取締役。2015年までソフトバンクにて研修の内製化を推進し、100名を超える社内認定講師の育成に従事。新人教育やOJTトレーナーの育成にも関わる。ダイヤモンド社「研修開発ラボ」講師。著書に『10秒で新人を伸ばす質問術』（東洋経済新報社）、共著に『研修開発入門「研修転移」の理論と実践』（ダイヤモンド社）。

林 博之（はやし・ひろゆき）
ラーンフォレスト合同会社代表社員。俳優活動等を経て、現在は研修講師として、「OJTメンター研修」や、演劇的手法・インプロ（即興劇）を通じて非言語メッセージの受発信を意識する「フィーリングコミュニケーション研修」を展開。共著に『対話型OJT』（日本能率協会マネジメントセンター）。

研修開発入門

「研修評価」の教科書
──「数字」と「物語」で経営・現場を変える

2022年 5 月31日　第 1 刷発行
2024年11月21日　第 4 刷発行

著　者──中原 淳、関根雅泰、島村公俊、林 博之
発行所──ダイヤモンド社
　　　　　〒150-8409　東京都渋谷区神宮前 6-12-17
　　　　　https://www.diamond.co.jp/
　　　　　電話／03-5778-7229（編集）　03-5778-7240（販売）

装丁─────竹内雄二
本文デザイン・DTP─ダイヤモンド・グラフィック社
イラスト───藤井アキヒト
校正─────茂原幸弘
製作進行───ダイヤモンド・グラフィック社
印刷─────加藤文明社
製本─────本間製本
編集担当───広瀬一輝（人材開発編集部）

人が育つ研修のつくり方を
余すところなく解説した決定版!!

『研修開発入門』シリーズ第1弾。「研修の内製化（自社開発）」が人材育成のトレンドになっている
なかで、人が育つ研修、経営に資する研修をいかに開発するか。自社のニーズに基づき、研修を企
画し、社内人材に講師を依頼し、研修を実施し、評価する。これら一連のプロセスを全解説した研
修開発書の決定版。人材開発担当者、現場マネジャー、経営幹部必携。

研修開発入門
会社で「教える」、競争優位を「つくる」

中原淳[著]

◉A5判上製◉定価（本体3800円＋税）

http://www.diamond.co.jp

御社の研修、
「やりっぱなし」になっていませんか？

『研修開発入門』シリーズ第2弾。研修で学んだことを、いかに現場で実践し、成果につなげてもらうのか──。本書では「研修転移」に焦点を当て、その理論について先行研究や主要な概念を解説するとともに、日本企業における研修転移の促進事例を詳しく紹介する。事例紹介企業は、ファンケル、ヤマト運輸、アズビル、三井住友銀行、ニコン、ビームスの6社。

研修開発入門
「研修転移」の理論と実践

中原淳・島村公俊・鈴木英智佳・関根雅泰[著]

◉A5判並製◉定価（本体1600円＋税）

http://www.diamond.co.jp